W0179446

NAGEL & KIMCHE

Die belgische Originalausgabe
erschien unter dem Titel
»Quel Monde pour demain?«

1. Auflage 2022

© 2021, Éditions Luc Pire
© 2022 der deutschsprachigen Ausgabe
Verlag Nagel & Kimche AG, Zürich
Satz: JournalMedia GmbH, München
Lektorat: Antje Seidel, trans texas GmbH, Köln
Umschlaggestaltung: JournalMedia GmbH, München
Druck und Bindung: CPI Books GmbH

ISBN 978-3-7556-0018-3
Printed in Germany

MIX
Papier aus verantwor-
tungsvollen Quellen
FSC® C083411
FSC
www.fsc.org

Esmeralda von Belgien
Sandrine Dixson-Declève
mit
Adélaïde Charlier
Anuna de Wever

WELCHE
WELT
FÜR
MORGEN

Protokolliert von Florence Marot

Aus dem Französischen von
Lisa Heilig und Wiebke Krabbe

NAGEL & KIMCHE

Inhalt

Vorwort von Dr. Maria Furtwängler

zur deutschsprachigen Ausgabe

Wenn Frauen aufeinandertreffen, entsteht Dynamik. Das durfte ich vor Kurzem in Grönland erleben. In der Abgeschiedenheit der Natur lernte ich Esmeralda von Belgien und Sandrine Dixson-Declève kennen. Wir waren Teil einer Reisegruppe, die ausschließlich aus Frauen bestand, auch meine Tochter Elisabeth war dabei. Wir tauschten uns aus, diskutierten und sangen im Angesicht imposanter Fjorde und 20 000 Jahre altem Eis französische Lieder, die ich aus meiner Zeit an der französischen Schule kannte. Ein magischer Moment. Die beiden erzählten mir von ihrem Projekt »Quel monde pour demain?« Meine Neugier war groß – und berechtigt. Ich freue mich, dass das Buch nun in deutscher Sprache veröffentlicht wird, und es ist mir eine Ehre, ein paar Zeilen darüber zu schreiben.

Der Austausch von Esmeralda und Sandrine mit den beiden jungen Klima-Aktivistinnen Adélaïde Charlier und Anuna De Wever berührt mich im Besonderen durch die Verbindung von zwei mir wichtigen Anliegen: Das Engagement für den Schutz unseres Planeten und die Perspektiven von Frauen und Mädchen sichtbarer und hörbarer zu machen. Wie junge Frauen und Mädchen vor der Pandemie weltweit auf der Straße gegen den Klimawandel demonstrierten, wie sie währenddessen Sprachrohr ihrer Generation in den traditionellen und sozialen Medien blieben und bis heute nicht aufhören mit (meist männlichen) Politikern auf Augenhöhe zu argumentieren – und das, obwohl sie noch häufiger als ihre männlichen Kollegen Beleidigungen, Angriffen und Drohungen ausgesetzt sind, ist bemerkenswert.

Die Inspiration durch eine jüngere Generation erlebe ich persönlich mit meiner Tochter Elisabeth bei der Arbeit für unsere gemeinsame MaLisa Stiftung. Wir beide setzen uns für eine gleichberechtigte Gesellschaft ein und möchten einschränkende Rollenbilder überwinden. Wie sehr diese unsere Vorstellungskraft prägen, habe ich durch mehrere von der Stiftung initiierte Studien zur Darstellung von Geschlechterrollen in den Medien und der Musikbranche erfahren. Umso mehr imponiert es mir, dass die Klimabewegung in vielen Facetten weiblich ist.

Wie die vier Gesprächsteilnehmerinnen beschreiben, sind viele der Staaten, in denen die Umsetzung der Nachhaltigkeitsziele am weitesten vorangeschritten ist, auch am besten durch die erste Welle der Corona-Krise gekommen. Viele dieser Staaten werden von Frauen angeführt. Ist das Zufall? Oder erklärbar?

Fakt ist, Frauen leiden deutlich mehr unter den Auswirkungen des Klimawandels als Männer[1]. Bei Naturkatastrophen in ärmeren Regionen der Welt sind die Todesopfer überdurchschnittlich oft weiblich: Durch traditionelle Zwänge und Rollenzuschreibungen können Frauen sich nicht im gleichen Maße schützen wie Männer[2]. Und selbst die Gewalt gegen Frauen steigt im Kontext einer Klimakatastrophe noch weiter an (»Climate Violence«), unter anderem untersucht bei den Waldbränden in Australien vor zwei Jahren.

Ihre Betroffenheit und ihre andere Lebensperspektive könnten durchaus erklären, dass Frauen weltweit weniger gleichgültig gegenüber dem Klimawandel sind als Männer. Wie Anuna in der Debatte sagt, spielen in der Klimapolitik auch die Werte und Eigenschaften, die den verschiedenen Geschlechtern zugeschrieben werden, eine zentrale Rolle. Um Wege aus der Klimakrise zu finden, müssen als männlich geltenden Werte, wie beispielsweise Wettbewerbsdenken und Anhäufen von Macht und Besitz, hinterfragt werden und vermeintlich weibliche Eigenschaften wie mehr Respekt für andere und die Natur in den Vordergrund rücken.

Vor allem im Globalen Süden sind Frauen alltäglich den Auswirkungen des Klimawandels ausgesetzt. Die Friedensnobelpreisträgerin Wangari Maathai erkannte dieses Problem schon vor Jahrzehnten, ihre Umgebung war durch massive Abholzung konfrontiert. Eine der gravierendsten Folgen: Es fehlte Holz, die einzige Energiequelle. Sie initiierte die Bewegung »Green Belt Movement«[3]: Nicht nur, dass sie Frauen zu mehr Selbstständigkeit befähigte und dadurch gesellschaftlichen Wandel erzeugte; das Pflanzen von Millionen von Bäumen zeigte zudem über die Jahre, dass Umweltschutz, Selbstermächtigung von Frauen, Demokratie und Frieden eng zusammenhängen. Diese Graswurzelbewegung kann uns allen ein Vorbild sein.

Unsere Welt von morgen wird davon beeinflusst sein, wie wir es schaffen, ein Netzwerk zu bilden, mit Menschen, die bewegen wollen, bewegen können und dabei diverse Ansätze verfolgen. Wir haben nicht mehr viel Zeit und wir müssen uns gemeinsam aufmachen. Dabei trägt mich immer noch die Zuversicht, vor allem, wenn ich das Gespräch von klugen, engagierten Frauen wie Esmeralda, Sandrine, Adélaïde und Anuna nachlese.

Auch ich bin davon überzeugt: Diese Krise braucht mehr »Pluralität der Stimmen«[2], mehr Austausch unter den Generationen, andere (weibliche) Lösungsansätze, mehr Wissen um Klimapolitik und gesellschaftlichen Zusammenhalt. Wir sollten solidarisch, Hand in Hand, die Probleme von heute und der Zukunft angehen, offen für neue Ideen und uns gegenseitig Vorbilder sein. Der Inhalt dieses Buchs zeigt, wie es gehen kann.

---

1 www.un.org/en/chronicle/article/womenin-shadow-climate-change, abgerufen 23. November 2021

2 We can't solve the climate crisis without Gender Equality, Podcast »How to save a planet«, erschienen 23. September 2021

3 www.greenbeltmovement.org, abgerufen 23. November 2021

Vorwort von Maja Göpel
zur deutschsprachigen Ausgabe

Wir müssen reden. Und handeln. Am besten beides zusammen. Mutig und schnell. Dieses Buch macht deutlich, warum das so wichtig ist: Denn es führt das Wissen und die Erfahrungen von vier engagierten Frauen zusammen. Vier Personen mit unterschiedlichen Hintergründen und aus unterschiedlichen Generationen setzen ein starkes Signal, dass wir *miteinander* immer bessere Ergebnisse erzielen als *gegeneinander*.

So ist ein Buch entstanden, das Inhalte als die Ziele und Missionen von denjenigen vermittelt, die sich schon lange und intensiv mit den Herausforderungen einer nachhaltigen Zukunft beschäftigen. Ein Buch, in dem diese Personen durchaus auch hadern – aber doch nie aufgeben.

Deshalb bin ich, die ich mich selbst seit 25 Jahren mit diesen Themen auseinandersetze, besonders froh über ein solches Format. Es präsentiert vier Pionierinnen, die immer wieder neue Ideen, neue Allianzen und neue Mitstreitende aktivieren. Für die der Leitsatz gilt: geht nicht, gibt's nicht. Denn dafür geht es um viel zu viel.

Und genau so habe ich zumindest Sandrine auch persönlich kennenlernen dürfen. Wir sind uns in vielen Kontexten begegnet, von Gipfeln der Vereinten Nationen und der Europäischen Union bis hin zu unseren jährlichen Treffen des internationalen Club of Rome. In einem Punkt waren wir uns immer einig: Die Frage danach, *wie* wir Veränderungen gestalten, ist genauso wichtig wie die Frage, *welche* Veränderungen wir benötigen.

Diese Perspektive zieht sich auch durch dieses Buch. Und damit zeigt es, dass die vielleicht wichtigsten Zutaten für eine Welt von morgen in uns allen liegen: Wissen, wollen und wirken können wir an jedem Ort und zu jeder Zeit. Und ja, darin liegt auch Verantwortung. Denn Zukunft ist kein Zustand. Sie ist eine Haltung.

Vorwort

Unsere Kinder klagen uns an. Sie machen uns schwere Vorwürfe: »Ihr habt gut gelebt, ohne an die Konsequenzen zu denken, ihr habt die natürlichen Ressourcen verschwendet und das Weltklima aus dem Gleichgewicht gebracht. Auf Kosten unserer Zukunft! Und jetzt überlasst ihr es uns, die Lösungen zu finden, um aus der Krise zu kommen!«

Die Vorwürfe der jungen Menschen, die in der Phrase *OK Boomer* zum Ausdruck kommen, sind eine scharfe Reaktion auf die Untätigkeit und Verleugnung der Klimakrise, aber auch auf die pauschalierende Kritik der älteren Generationen. Ihre Wut und ihr Gefühl, eine geopferte Generation zu sein, könnte uns, so befürchten nicht wenige, in einen Krieg zwischen Jung und Alt stürzen.

Im vorliegenden Buch wollen wir die Sichtweisen offen und ehrlich gegenüberstellen. Dieses Gespräch – aufmerksam verfolgt und gekonnt protokolliert von Florence Marot – ist eine interessante menschliche Begegnung. Wir vier Teilnehmerinnen berichteten von unserer persönlichen Geschichte, unseren Lebensläufen und von unserem Engagement, mal emotional, mal frustriert, mal humorvoll, vor allem aber mit viel Hoffnung. Wir zwei älteren Frauen waren beeindruckt von der Entschlossenheit, der Konsequenz und dem Mut der zwei jungen Frauen, Anuna und Adélaïde, die ihre schönsten Jahre im Kampf gegen die Klima- und Umweltkrise verbringen. Radikal, kompromisslos und entschlossen treten sie für eine Änderung unseres Gesellschaftsmodells ein, das uns an den Rand des Abgrunds geführt hat. Wie so viele Angehörige der *Generation Z* wollen sie ihre Werte nicht aufgeben und sich anpassen, als ob sie sich den Satz Martin Luther Kings, »Ich bin stolz darauf, mich nicht anzupassen«, zu eigen gemacht hätten. Zwischen Kritik und Beleidigungen in den sozialen Netzwerken und Starkult in be-

13

stimmten Medien bleiben sie klar denkend und deutlich. Wir danken Anuna und Adélaïde herzlich für die Teilnahme an diesem interessanten und anregenden Gespräch.

Die beiden wussten vermutlich nicht, dass wir älteren, solche und ähnliche Diskussionen bereits seit über 30 Jahren mit Demonstrationen gegen die atomare Bedrohung – die auch heute noch sehr real ist –, gegen Kriege, Apartheid, Umweltzerstörung und -verschmutzung und schließlich gegen die Klimakrise führen. Sie sind sich nicht wirklich bewusst darüber, dass ihre Bewegung auf den Schriften von Rachel Carson, der Studentenrevolte von 1968, dem Meadows-Report, den Protesten gegen Ungerechtigkeit und Ungleichheit und, in jüngster Zeit, dem Arabischen Frühling oder den Occupy-Wall-Street-Protesten basiert.

Wir haben unsere Erfahrungen und unsere Entwicklung ihrem Elan und ihrer Kreativität gegenübergestellt. Wir alle vier können die vielen schönen Worte nicht mehr hören und beklagen das Ausbleiben konkreter Maßnahmen, wir teilen aber auch eine große Hoffnung. Wenn wir jetzt handeln und eine generationenübergreifende Koalition schmieden, ist noch alles möglich. Die Jungen sind nicht im Krieg mit den Alten; sie wollen gehört werden und in die Entscheidungsfindung einbezogen werden. Sie wollen aber auch unterstützt, beraten und begleitet werden. Sie wissen, dass sie den Systemwandel nicht allein stemmen können. Sie wollen diesen tiefgreifenden Wandel mit so vielen Menschen wie möglich vorantreiben, weil er uns alle angeht. Es geht um unser Überleben.

Schließen wir uns dieser Allianz an und machen uns die Worte von Naomi Klein zu eigen: »Je mehr Funken ein Feuer schlägt, desto lodernder brennt es. Ich lade euch alle ein, euren Funken beizutragen.« Das ist unsere große Herausforderung, um eine bessere Welt von morgen zu schaffen!

Keine Fragen mehr, sondern eine Gewissheit!

Esmeralda von Belgien & Sandrine Dixson-Declève

Stimmen zum Buch »Welche Welt für morgen?«

Dieses Buch ist ein einzigartiges, generationenübergreifendes Protokoll von vier Frauen, die sich für das Klima einsetzen. Ihre spannenden persönlichen Geschichten, ihre Gedanken, Ängste und Hoffnungen geben uns einen tiefen Einblick in die Herausforderungen und die Möglichkeiten für Vergangenheit, Gegenwart und Zukunft. Eine grundlegende, präzise Analyse der Zukunft und eine inspirierende Mahnung zum sofortigen Handeln, um ein besseres Morgen für die Menschheit und den Planeten zu erschaffen!

Sharan Burrow
Generalsekretärin des Internationalen
Gewerkschaftsbundes

Ein wunderbares Buch von vier engagierten Frauen! Ein bewegendes, konstruktives Vierergespräch über die Grenzen der den Generationen hinaus, das aufzeigt, wie sehr die Zukunft der Menschheit in unseren Händen liegt. Ein Plädoyer für eine Allianz aus bürgerschaftlichem Engagement und wirtschaftlichen und politischen Entscheidungsträger*innen zum Wohl allen Lebens auf der Erde.

Jean-Pascal van Ypersele
Klimatologe, Professor
an der UC Louvain
(Katholische Universität Löwen),
ehemaliger Direktor des IPCC

In einem fesselnden Dialog zeigen uns vier Frauen unterschiedlichen Alters, dass der Klimawandel auch eine generationenübergreifende Frage ist. Dieser Band mahnt uns alle eindrucksvoll, dass es uns – wie nie zuvor – nur durch die enge Zusammenarbeit von Wirtschaft, Politik und Zivilgesellschaft, Wissenschaft und natürlich zwischen den Generationen gelingt, eine resiliente Welt von morgen zu gestalten.

Connie Hedegaard
ehem. EU-Kommissarin für
Klimapolitik und ehemalige dänische
Umweltministerin

In meinem rund 50-jährigen Engagement habe ich beobachtet, dass die Umwelthelden oft Frauen sind. In einer Zeit, in der wir dringend eine geistige Revolution brauchen, um eine verantwortungsvollere Gesellschaft aufzubauen, führt uns *Welche Welt für morgen?* in Form eines spannenden Generationengesprächs die Macht engagierter Frauen vor Augen.

Yann Arthus-Bertrand
Fotograf, Reporter, Regisseur und
Umweltschützer

Einleitung

Die Erderwärmung ist menschengemacht. Das ist eine Gewissheit. Von den ersten wissenschaftlichen Warnungen in den 1970er-Jahren bis heute sind 50 Jahre vergangen, ohne dass es gelungen wäre, den Temperaturanstieg zu stoppen.

Das Jahr 2019, nach 2020 und 2016 das drittwärmste Jahr in der Geschichte der Temperaturaufzeichnung, hat die Gemüter aufgerüttelt. Während Europa von Überschwemmungen und Hitzewellen mit Rekordtemperaturen von über 40 °C heimgesucht wurde, wüteten in Kalifornien, Sibirien, Amazonien, Australien und anderen Regionen Waldbrände von nie da gewesenem Ausmaß und zerstörten ganze Regionen.

Überall haben die Flammen gewaltige CO_2-Mengen freigesetzt, die in den Bäumen gespeichert waren und Lebensräume mit einzigartiger biologischer Vielfalt vernichtet; viele Menschen mussten ihre Heimat und ihre zerstörten Häuser verlassen. Indien erlebte den stärksten Monsun seit 25 Jahren, und an den Polkappen schmolz das Eis mit beängstigender Geschwindigkeit. Ein Szenario, das sich 2020 so oder ähnlich wiederholen sollte.

Gleichzeitig gingen Hunderte und schließlich Tausende junger Menschen auf der ganzen Welt auf die Straße. Die von der schwedischen Aktivistin Greta Thunberg ins Leben gerufenen Schulstreiks verbreiteten sich wie ein Lauffeuer. Am 20. September 2019, am Vorabend des UN-Klimagipfels, brachten vier Millionen junge Menschen auf der ganzen Welt ihre Wut und ihre Enttäuschung über die Trägheit der politischen Entscheidungsträger*innen angesichts dieser großen Herausforderung für die Menschheit zum Ausdruck. An der Spitze der Protestzüge in Brüssel standen Anuna De Wever und Adélaïde Charlier, beide damals 18 Jahre alt. Sie gründeten die landesweite Bewegung Youth for Climate und mobilisierten Tausende von Schüler*innen und Studierenden, die ihre Sorgen um einen Planeten, der in Flammen steht, auf die Straße brachten. »Unser Haus brennt«, »Es gibt keinen Planeten B«, »Ändern wir das System, nicht das Klima!« waren Slogans, die jeden Donnerstag auf den großen Boulevards der belgischen Hauptstadt zu hören waren.

Ihre Anliegen, die auf Plakaten zu lesen und von einer empörten Jugend von New York bis Sydney, Buenos Aires bis Kyoto skandiert wurden, sind indes nicht neu.

Bereits 1972 lenkte der Club of Rome, eine internationale Denkfabrik aus Vertreter*innen der Wirtschaft, Wissenschaft und Politik, die öffentliche Aufmerksamkeit auf die Risiken eines exponentiellen wirtschaftlichen und demografischen Wachstums: Der Bericht *The Limits to Growth*, der auf Deutsch unter dem Titel *Die Grenzen des Wachstums* veröffentlicht wurde, unterstrich die Unvereinbarkeit zwischen unendlichem Wirtschaftswachstum und begrenzten natürlichen Rohstoffen. Die Hauptautoren des Berichts, das amerikanische Forscherpaar Donella und Dennis Meadows vom Massachusetts Institute of Technology (MIT), sagte als Worst-Case-Szenario nicht weniger als einen globalen Zusammenbruch voraus.

Auch fast 50 Jahre nach seiner Erstveröffentlichung, in denen sich der ausgebeutete Globus weiter erwärmt hat, hat der Bericht nichts von seiner brennenden Aktualität verloren. Die Probleme sind dieselben; sie haben sich sogar verschärft: Umweltverschmutzung, massives Artensterben, Verschärfung von Ungleichheiten, sich häufende Naturkatastrophen, Epidemien, Pandemien ... Die Krise ist systemisch geworden.

Warum wurden die ersten Warnungen unterschätzt bzw. ignoriert? Was ist in den letzten fünf Jahrzehnten passiert, dass eine friedliche Armee aus jungen Menschen voranmarschiert, um die Entscheidungsträger*innen zum Handeln zu bewegen?

Zum besseren Verständnis müssen wir ein wenig zurückblättern und die Fäden einer komplexen Welt entwirren, in der wir Menschen das natürliche Gleichgewicht der Erde missachtet haben, auf dem unser Leben basiert.

ZWEI GENERATIONEN IM GESPRÄCH

Sandrine Dixson-Declève ist die erste Belgierin und überhaupt die erste Frau an der Spitze des Club of Rome – gemeinsam mit Mamphela Ramphele. Sie war als Sonderberaterin für die Europäische Kommission in Forschungs- und Innovationsfragen bei der Wirtschafts- und Energiewende sowie als UN-Beraterin für nachhaltige Energie und die Resilienz des globalen Nahrungsmittelsystems tätig. Außerdem wirkt sie seit über 30 Jahren hinter den Kulissen an europäischen und internationalen Gesetzesprojekten mit. Im Lauf ihrer Karriere hat sie unter anderem für den damaligen US-Vizepräsidenten Al Gore gearbeitet, Umweltstandards für die Atom-, Öl-, Chemie- und Automobilindustrie entwickelt und war Direktorin der Prince of Wales' Corporate Leaders Group, deren Schirmherr der britische Thronfolger Prince Charles ist und Unternehmen in ihren Anstrengungen unterstützt, klimaneutral zu werden. Sandrines Ansinnen war es schon immer, Brücken zwischen Politik, Industrie und Gesellschaft zu schlagen.

Prinzessin Esmeralda von Belgien, jüngste Tochter des verstorbenen belgischen Königs Leopold III., engagiert sich seit nahezu 40 Jahren für den Fonds Léopold III für die Erforschung und Erhaltung der Natur, der von ihrem Vater ins Leben gerufen wurde, und streitet für den Schutz der biologischen Vielfalt und die Rechte indigener Völker. Die Journalistin, Autorin und Aktivistin setzt sich für sofortige Maßnahmen zur Bekämpfung der

Klimakrise und zum Erhalt der Biodiversität ein. Aufgrund ihres langjährigen Engagements für die Umwelt wurde sie 2019 zur WWF-Ehrenbotschafterin ernannt. Des Weiteren fungiert sie auch als Präsidentin von Friendship Belgium, einer NGO (Non-Governmental Organisation, dt. »Nichtregierungsorganisation«), die von Klimakatastrophen betroffene Menschen in Bangladesch unterstützt.

In diesem Buch geben Sandrine und Esmeralda im Gespräch mit Anuna De Wever und Adélaïde Charlier ihre Expertise und ihre Einschätzungen weiter, um die Fragen junger Menschen zu beantworten: Wie konnte es so weit kommen – 50 Jahre nach den ersten Warnungen auf wissenschaftlicher Basis? Welche Lehren kann die jüngere Generation aus den Erfahrungen der älteren Generationen ziehen, um ihren Kampf zu verbessern? Warum scheinen Frauen stärker betroffen zu sein? Lassen sich Ökonomie und Ökologie vereinbaren? Wie könnten eine resiliente Gesellschaft und ein gerechter Übergang aussehen? Wie können wir dorthin gelangen? Welche neuen kollektiven Handlungsfelder gilt es zu erschließen?

Der vorliegende Essay ist das Protokoll langer Gespräche, die von der gemeinsamen Überzeugung geprägt sind, dass wir zum Wohl und zum Überleben der Menschheit dringend und unbedingt eine Gesellschaft brauchen, die stärker auf Inklusion und den Respekt des Planeten setzt.

EIN JAHRZEHNT ZUM HANDELN

Unser Wirtschaftsmodell, das auf dem Raubbau natürlicher Ressourcen und dem Kult des unbegrenzten Konsums basiert, führt mehr und mehr zur Unbewohnbarkeit der Erde. Diese Tatsache hat sich in den letzten Jahren durch die Häufung von Krisen immer stärker ins kollektive Bewusstsein eingebrannt. Abgesehen von der mittlerweile spürbaren Erderwärmung sind auch annähernd eine Million Tier- und Pflanzenarten durch Waldrodungen, intensive Landwirtschaft, Überfischung, rasante Urbanisierung und Umweltverschmutzung derart dezimiert, dass sie vom Aussterben bedroht sind. Hinzu kommt im Jahr 2020 die Covid-19-Pandemie, der bereits Millionen Menschen zum Opfer gefallen sind und die zu einer weltweiten Wirtschaftskrise geführt hat. Der Ausbruch dieser x-ten Zoonose (Infektionskrankheit tierischen Ursprungs) nach HIV, Ebola, Zika oder den verschiedenen Vogelgrippen mutet an wie eine allerletzte Mahnung: Die Auswirkungen menschlichen Handelns auf die Natur sind eine Bedrohung für unsere Zivilisation.

Was das Klima betrifft, so liegen die Diagnosen auf dem Tisch. Ende 2018, drei Monate vor den ersten Schulstreiks in Brüssel, veröffentlichte der Weltklimarat (Intergovernmental Panel on Climate – IPCC) einen aufsehenerregenden Bericht über die erwarteten Auswirkungen der globalen Erwärmung um 1,5 bis 2 °C bis zum Ende des Jahrhunderts im Vergleich zum vorindustriellen Zeitalter.

Der Bericht, der sich auf rund 6000 wissenschaftliche Daten stützt, zeigt, dass ein durchschnittlicher globaler Temperaturanstieg um 1,5 °C oder mehr die Intensität von Wirbelstürmen, Überschwemmungen, Hitze- und Dürreperioden weiter verstärkt und das Leben von Millionen Menschen bedroht.

Seit der industriellen Revolution vor etwa 150 Jahren hat sich die Erdoberfläche im Durchschnitt bereits um etwa 1 °C erwärmt. Dabei erleben einige Regionen, wie die Arktis, wo das Eis schneller schmilzt als erwartet, und die äquatoriale Zone, eine beschleunigte, manchmal sogar doppelt so schnelle Erwärmung.

Klimamodellen zufolge steigen die Meeresspiegel bei einem Temperaturanstieg von 1,5 °C durch schmelzendes Polkappeneis bis zum Jahr 2100 so stark an, dass 26 bis 77 Zentimeter Küstenlinie verschlungen werden. Bei einem Anstieg von 2 °C steigen die Meeresspiegel um weitere 10 Zentimeter. Hinzu gesellen sich immer stärkere Wirbelstürme, sodass ohne angemessene Strategien die Bewohner kleiner Inseln und Atolle, überschwemmungsgefährdeter Küstenregionen oder Mündungsdeltas zur Umsiedlung gezwungen sind.

Die Ozeane, die größten Sauerstoffproduzenten der Erde, werden von einem Temperaturanstieg von 1,5 °C weniger betroffen sein als von 2 °C. Aber die bunten Korallenriffe mit ihren vielen Tier- und Pflanzenarten können nicht mehr bestehen. 70 % bis 90 % aller Riffe verlieren ihre Pracht bereits bei einem Temperaturanstieg von 1,5 °C. Bei 2 °C sterben sie quasi ab, was zu einem irreversiblen Verlust zahlreicher, für den Menschen so wichtiger mariner Ökosysteme führt.

Das Great Barrier Reef vor der ostaustralischen Küste ist bereits heute ein trauriges Beispiel dafür. Das gigantische Riff, das zu den sieben Weltnaturwundern zählt und jährlich über zwei Millionen Tourist*innen anlockt, wurde im heißen australischen Sommer 2019/2020 zum dritten Mal innerhalb von fünf Jahren von einer massiven Korallenbleiche getroffen. Die Zerstörung des Riffs würde nicht nur den Verlust einer der artenreichsten Lebensräume der Welt bedeuten, sondern auch von fast 70 000 Arbeitsplätzen mit einem Umsatz von jährlich 6 Milliarden Dollar.

Auf dem Festland ist ein durchschnittlicher Temperaturanstieg von 1,5 °C bereits kritisch für den Anbau von Mais, Reis, Weizen und potenziell auch anderen Getreidearten. Diese sind für das Überleben von Milliarden von Menschen unabdingbar, wenngleich der Schaden bei einem Temperaturanstieg von 1,5 °C geringer sein wird als bei 2 °C, so der Bericht, insbesondere in Subsahara-Afrika, Südostasien sowie Mittel- und Südamerika, wo die ärmsten Menschen der Welt leben.

Auch wenn der Unterschied von einem halben Grad gering erscheinen mag, so ist laut IPCC-Bericht jeder noch so geringe Temperaturanstieg von Bedeutung. In dem Maß wie sich die Atmosphäre aufheizt, nehmen auch Armut und Not vulnerabler Bevölkerungsgruppen zu, die von der Subsistenzwirtschaft leben oder den Ressourcen der Küsten abhängig sind. Deshalb ist es von grundlegender Bedeutung, das 1,5-Grad-Ziel einzuhalten und so die Zahl der von der Klimakatastrophe bedrohten Menschen um Hunderte Millionen zu verringern.

Dies gilt natürlich auch für unsere Breitengrade. Der Sommer 2019 – der Juli war auf globaler Ebene der heißeste jemals gemessene Monat – hat es auch uns in Europa eindrucksvoll demonstriert. Die heißen Sommertemperaturen ließen die Zahl der hitzebedingten Todesfälle im Vergleich zu den Durchschnittswerten der Vorjahre sprunghaft ansteigen.

In Belgien hat das Sciensano-Institut für öffentliche Gesundheit während der drei aufeinanderfolgenden Hitzewellen eine Übersterblichkeit verzeichnet, mit einem Höchststand von 35 % mehr Todesfällen in Brüssel in der zweiten Julihälfte. Eine mögliche Erklärung sieht das Institut in einem hitzebedingten Inseleffekt. Die vielen engen, asphaltierten Straßen, gesäumt von Hochhäusern, und die wenigen Freiflächen für Vegetation und Luftzirkulation wirkten wie ein Hitzespeicher und führten zu einer Überhitzung des städtischen Raums. Dieses Phänomen ist in Städten – in denen bis zum Jahr 2050 zwei Drittel der Menschheit leben werden – wohl bekannt und verstärkt die Folgen der sommerlichen Hitzewellen.

Um das 1,5-Grad-Ziel einzuhalten und um Millionen Menschen zu schützen, die besonders vom Klimawandel betroffen sind, bedarf es nach Ansicht der IPCC-Experten einer sofortigen, radikalen und tiefgreifenden Änderung sämtlicher Aspekte unserer Gesellschaft. Jedes Jahr, das verstreicht, und jede Maßnahme, die wir ergreifen, sind entscheidend.

Passivität wird die Probleme nur verstärken. Darauf weist auch der alarmierende Bericht des ehemaligen Chefökonomen der Weltbank, Nicholas Stern, hin. Der Bericht wurde von der britischen Regierung in Auftrag gegeben und 2006 veröffentlicht, demnach belaufen sich die Kosten durch ein Nichteinschreiten gegen den Klimawandel auf 5 % bis 20 % des globalen BIP – gegenüber 1 % für die Kosten entsprechender Maßnahmen.

Doch Politik und Wirtschaft gehen den Wandel nur zögerlich an. Trotz der inzwischen sicht- und spürbaren Auswirkungen des Klimawandels steigt die Treibhausgaskonzentration in der Atmosphäre weiter an. Sollte die derzeitige Tendenz anhalten, wird das 1,5-Grad-Ziel zwischen 2030 und 2052 gerissen, und bis zum Ende des Jahrhunderts könnte der Temperaturanstieg 3 °C bis 5 °C erreicht haben, also weit über dem 2-Grad- oder gar dem 1,5-Grad-Limit liegen, so wie es sich annähernd 200 Staaten im Pariser Übereinkommen im Jahr 2015 vorgenommen hatten.

Für eine Begrenzung des Temperaturanstiegs um 1,5 °C müssen wir laut IPCC unsere Treibhausgasemissionen innerhalb der nächsten zehn Jahre um etwa die Hälfte reduzieren und bis 2050 klimaneutral werden.

Nach den Gesetzen der Physik und der Chemie, die den Treibhauseffekt bestimmen, ist diese Umkehrung möglich. Aber wie Wissenschaftler hingewiesen haben, sind »schnelle und tiefgreifende Maßnahmen« erforderlich, um die Bereiche Energie, Industrie, Bauwesen, Verkehr und Landwirtschaft klimaneutral zu gestalten und die notwendigen Anpassungen durchzuführen, mit denen die negativen Folgen in den vom Klimawandel besonders gefährdeten Ländern und Regionen begrenzt werden können.

Die in diesem Jahrzehnt getroffenen Maßnahmen werden entscheidend sein. Nach Bekunden der vielen am Übergang Beteiligten gibt es zahlreiche Lösungswege für unsere dringliche Lage, angefangen beim Ausstieg aus fossilen Brennstoffen und der beschleunigten Umstellung auf erneuerbare Energien über die Wiederherstellung der Ökosysteme, die Weiterentwicklung der Kreislaufwirtschaft bis hin zur Einführung einer sozial gerechten Ökosteuer. Dazu fehlt es weder an den entsprechenden Technologien noch an den Finanzierungsmitteln. Was fehlt – und dringend aktiviert werden muss – ist die kollektive Unterstützung und der politische Wille zur Mobilisierung der verfügbaren Mittel, um die Ziele umzusetzen.

Die Zukunft von Milliarden Menschen und der nachfolgenden Generationen hängt davon ab, ebenso wie die Ausübung ihrer Grundrechte auf Leben, Wasser, Nahrung, Gesundheit, Wohnung und Selbstbestimmung.

WIE WIR AUF UNSEREM PLANETEN WEITERLEBEN KÖNNEN

In diesem Essay tauschen Esmeralda von Belgien, Sandrine Dixson-Declève, Anuna De Wever und Adélaïde Charlier die Einschätzungen zweier Generationen aus, von den Sichtweisen einer älteren bis zu den offenen Vorstellungshorizonten einer jungen Generation, die sich der Risiken und Herausforderungen erstaunlich bewusst ist und sich entschlossen zeigt, unseren beschädigten Planeten zu heilen.

Kapitel 1 umreißt die Entwicklung der letzten 50 Jahre, von der Entdeckung des menschengemachten Klimawandels bis hin zum fruchtbaren Boden des Klimaskeptizismus, von den Misserfolgen bis zu den Fortschritten der internationalen Klimaverhandlungen.

In **Kapitel 2** kommen die vier Gesprächsteilnehmerinnen auf ihre Erfahrungen und Begegnungen zu sprechen, die ihr persönliches Engagement oft über die nationalen Grenzen hinaus geprägt haben. Ihr Gespräch dreht sich im Fortgang aber auch um die Privilegien in unserem westlichen »Klimadenken«, die Dynamik der bürgerschaftlichen Mobilisierung als Resonanzboden für die bereits vor Jahrzehnten eingeleiteten sozialen und ökologischen Diskurse und die starke Präsenz von Frauen in der Klimabewegung.

Im Jahr 2020 hat die Corona-Pandemie unsere Gesellschaften erschüttert und gleichzeitig große Hoffnungen auf einen Wandel geweckt. In **Kapitel 3** gehen Esmeralda von Belgien und Sandrine Dixson-Declève gemeinsam mit den beiden jungen Aktivistinnen darauf ein und versuchen, die Voraussetzungen für eine resiliente Gesellschaft und einen gerechten Übergang zu definieren. Sind Ökonomie und Ökologie miteinander vereinbar? Was bedeutet es, zum Wesentlichen zurückzukehren? Gemeinsam schlagen sie eine Reihe von Lösungswegen vor, um unsere Lebensweisen unter Berücksichtigung der menschlichen Bedürfnisse und der Grenzen unseres Planeten neu zu denken.

In **Kapitel 4** schließlich nehmen die vier Frauen eine Einschätzung der Macht der Zivilgesellschaft angesichts des zögerlichen politischen Handels vor. Die Verdeutlichung der Herausforderungen und die Rolle der Medien nehmen dabei eine entscheidende Rolle ein. Wie lässt sich eine positive Zukunftsvision angesichts der Widerstände in den bestehenden Strukturen und Denkweisen entwickeln? Welche neuen kollektiven Handlungsfelder gilt es zu erforschen und welches sind die Gründe, die Hoffnung nicht aufzugeben?

Die Jungen erinnern die Älteren daran, dass sie, egal wo auf der Welt sie leben, Zeugen des Klimawandels sind. Für sie ist die globale Erwärmung nicht mehr nur eine ferne Bedrohung, wie sie von älteren Generationen wahrgenommen wird, sondern eine Lebensrealität, deren Probleme durch das Ausbleiben konkreter Maßnahmen verstärkt werden.

Der globale Schock durch die Corona-Pandemie hat die Hoffnung auf den Aufbau einer besseren Welt geweckt und eine einzigartige Chance eröffnet, um den ökologischen Wandel auf den Weg zu bringen. Die Pandemie hat ebenfalls gezeigt, dass Nationen wie Neuseeland, Island und Schottland – in denen der Wohlstand der Einwohner*innen vorrangig nicht anhand eines stetig steigenden Bruttoinlandsprodukts (BIP) gemessen wird, sondern an anderen Indikatoren – gestärkt aus der Krise hervorgegangen sind.

In einer Zeit, in der diese Chance schnell wieder verstreicht und viele Staaten wieder zum *business as usual* zurückkehren, Motor für ein zerstörerisches, den Klimazielen entgegenlaufendes Wachstum, soll das vorliegende Buch ein eindringlicher Appell sein, nicht mehr zum Alten zurückzukehren, sondern einen tiefgreifenden Wandel unseres Gesellschaftsmodells zu fordern und das Leben, Gesundheit, Nahrung, Wasser und unseren Einklang mit der Natur ins Zentrum unserer kollektiven Anstrengungen und unserer politischen Verantwortung zu rücken.

Die Menschheit befindet sich an einem historischen Scheideweg. Es ist Zeit, sich für den richtigen Weg zu entscheiden.

KAPITEL 1

Wie konnte es so weit kommen?

Seit nunmehr 50 Jahren warnt die Wissenschaft vor der Klimaerwärmung. Seit fast einem halben Jahrhundert wissen wir, dass die menschengemachten Treibhausgasemissionen, die hauptsächlich aus der Treibstoff-, Gas- und Kohleverbrennung stammen, die Atmosphäre nachhaltig verändern.

Dennoch gelangt aufgrund unserer Abhängigkeit von fossilen Energieträgern immer mehr Kohlendioxid (CO_2), das im Wesentlichen für den Treibhauseffekt verantwortliche Gas, in die Atmosphäre, und zwar in dem Maß, dass es einer dringenden Umkehrung der Tendenz bedarf, um eine potenzielle Katastrophe für die Menschheit abzuwenden.

Deshalb ziehen nun viele junge Menschen die älteren Generationen zur Verantwortung. Wie konnte es so weit kommen? Warum hat die Welt die Warnungen der Wissenschaft so lange missachtet? In diesem Kapitel versuchen Esmeralda von Belgien, Sandrine Dixson-Declève, Anuna De Wever und Adélaïde Charlier die letzten 50 Jahre mit ihren zahlreichen Warnhinweisen nachzuzeichnen.

ZURÜCK ZU DEN ANFÄNGEN

Die Klimatologie ist ein wesentlich älterer Wissenschaftsbereich, als man annehmen möchte. Denn auch wenn dieses Fach erst seit der zweiten Hälfte des 20. Jahrhunderts an Hochschulen gelehrt wird, sind die ersten Forschungsarbeiten zur Erwärmung der Atmosphäre schon wesentlich älter. Zusammenfassend kann man folgende Pioniere nennen.

Der erste ist Joseph Fourier. Bereits 1824 entwickelte der französische Physiker die Theorie, dass die Erdoberfläche durch die Atmosphärengase (u. a. CO_2, Methan und Ozon) aufgeheizt wird. Fourier gilt vielen als Begründer der Treibhausgastheorie, einem natürlichen Prozess, bei dem die Atmosphärengase die Infrarotstrahlen des Sonnenlichts absorbieren und deren Wärme speichern. Drei Jahrzehnte später ging der Ire John Tyndall ein Stück weiter. Er vermutete, dass eine veränderte Zusammensetzung der Atmosphärengase klimatische Verschiebungen nach sich ziehen könnte.

1896 stellte der Schwede Svante Arrhenius einen Zusammenhang zwischen Erderwärmung und CO_2-Ausstoß durch Kohleverbrennung her. Der Chemie-Nobelpreisträger vermutete, dass eine Verdopplung des CO_2-Anteils in der Atmosphäre zu einer Erwärmung von rund 4,5 °C führen würde. Ausgehend von der damaligen industriellen CO_2-Emission kam er durch seine Berechnungen zu der Annahme, dass eine Erderwärmung etwa 3000 Jahre brauchte.

Diese Theorien wurden im Lauf des 20. Jahrhunderts immer weiter durch Messdaten untermauert. Der amerikanische Chemiker Charles David Keeling begann 1958, die CO_2-Konzentration in der Luft zu messen. Zu Beginn seiner Arbeit am Observatorium von Nauna Loa auf Hawaii ermittelte er 315 ppm (Teilchen pro Million Luftmoleküle; das bedeutet 315 Schmutzmoleküle pro eine Million Luftmoleküle). Im Lauf der Jahre beobachtete er, dass der CO_2-Anteil je nach Jahreszeit schwankte, wobei im Winter ein höherer CO_2-Wert gemessen wurde als im Sommer. Langfristig konnte er jedoch einen dramatischen Anstieg nachweisen.

Schätzungen zufolge lagen die CO_2-Konzentrationen in der Atmosphäre im vorindustriellen Zeitalter bei rund 280 ppm. Heute erreichen sie über 400 ppm – ein Wert, der seit drei Millionen Jahren nicht mehr erreicht wurde. Dies konnte durch die wissenschaftliche Analyse von Lufteinschlüssen in Bohrproben aus Millionen Jahre altem Gletschereis nachgewiesen werden.

Die von Keeling gesammelten Daten sind die ersten Belege für die negativen Folgen fossiler Verbrennung auf die Erdatmosphäre und überzeugten die wissenschaftliche Gemeinde, sich ab den 1960er-Jahren seriös mit diesem Problemfeld auseinanderzusetzen.

ERSTE SORGEN UM DIE UMWELT

Zur selben Zeit begannen Biolog*innen, sich um den Rückgang bestimmter Tierarten zu sorgen. Dazu gehörte auch der Brite Sir Julian Huxley – Bruder des Autors von *Schöne neue Welt*, Aldous Huxley, und erster UNESCO-Generaldirektor –, der für eine Bestandsaufnahme der Tierwelt nach Ostafrika reiste. Vor Ort entdeckte er eine durch Bejagung aus dem Gleichgewicht gebrachte Natur, durch die die meisten Wildtierbestände innerhalb der folgenden 20 Jahre von der Auslöschung bedroht waren. Daraufhin berief er eine Gruppe von Wissenschaftler*innen und Expert*innen und gründete eine private Organisation, die Geldmittel zum Schutz bedrohter Tierarten beschaffen sollte. Im Jahr darauf wurde der WWF gegründet, der zu einer der weltweit wichtigsten Umwelt-NGOs werden sollte. Die Gründung von Greenpeace folgte rund zehn Jahre später.

In dieser Zeit etwa wird auch in den USA die aufrüttelnde Schrift *Der stumme Frühling* veröffentlicht, in der die Biologin Rachel Carson der Chemieindustrie eine gezielte Desinformationspolitik über die schädlichen Auswirkungen von DDT vorwirft, ein Insektizid, das auch für den Rückgang zahlreicher Vogelarten verantwortlich gemacht wird. Die 1962 erschienene Schrift löste ein bislang unbekanntes bürgerschaftliches Engagement zum Schutz der Umwelt aus und führte 1970 vor allem zur

Gründung der US-amerikanischen Umweltschutzbehörde EPA, die die Umsetzung von Umweltschutzgesetzen begleitet.

Ganz allgemein entwickelte sich in den 1960er- und 1970er-Jahren angesichts der industriellen Umweltverschmutzung und immer lauter werdender Forderungen der Zivilgesellschaft ein stärkeres ökologisches Bewusstsein. *In dieser Zeit entstanden auch die ersten Umweltministerien und -gesetze. So verabschiedenden die USA 1970 den Clean Air Act gegen Luftverschmutzung. Auf dem alten Kontinent wurde 1973 das erste Umweltaktionsprogramm der Europäischen Wirtschaftsgemeinschaft lanciert, während auf nationaler Ebene Deutschland und die skandinavischen Länder als Erste nationale Umweltgesetze einführten,* erklärt Sandrine, die seit rund 30 Jahren europäische und internationale Institutionen bei der Umweltgesetzgebung berät.

In vielerlei Hinsicht markiert das Jahr 1972 einen großen Wendepunkt, als die Vereinten Nationen den ersten Weltgipfel organisierten, zu dem rund 100 Staatenlenker nach Stockholm reisten. Angesichts der steigenden industriellen Umweltverschmutzung und einem zunehmenden Tierartensterben verpflichteten sich die Entscheidungsträger*innen zu einem besseren Schutz der Umwelt und beschlossen, sich alle zehn Jahre zu treffen, um den Zustand des Planeten zu diskutieren. In diesem Zusammenhang wurde auch das UN-Umweltprogramm UNEP gegründet.

Auch in Belgien wollte der damalige König Leopold III., der sich für Botanik und Ethnologie begeisterte, seinen Beitrag leisten und gründete noch im selben Jahr den Fonds Léopold III für die Erforschung und Erhaltung der Natur, über den Forschungsprojekte außerhalb Europas unterstützt werden sollten, wenn sie »begründet, uneigennützig und von realem wissenschaftlichem und humanem Interesse sind«, wie es in einer der ersten Broschüren der Stiftung heißt.

Mein Vater war ständig auf Reisen und sehr besorgt um die durch menschliches Handeln leidende Pflanzenwelt und die in-

digenen Völker, erklärt Esmeralda, die dem Fonds seit 1983 vorsteht. Ihr langjähriges Engagement für die Umwelt ist ein Erbe des Vaters, der ihr *seine Liebe zur Natur* weitergegeben habe, erklärt sie.

DER MEADOWS-BERICHT
UND DIE GRENZEN DES WACHSTUMS

1972 war auch für den Club of Rome ein großes Jahr, denn der von ihm in Auftrag gegebene Bericht *Die Grenzen des Wachstums* sollte zu einem Meilenstein in der Geschichte des ökonomischen Denkens werden. Aber beginnen wir von vorn.

In den knapp 30 Jahren zwischen Zweitem Weltkrieg und erster Ölkrise 1973 mit nahezu ungebremstem Wirtschaftswachstum bewegte sich das Bruttoinlandsprodukt (BIP) in den reichen westlichen Ländern zwischen 5 % und 6 %. Die Wirtschaft brummte. Es war die Zeit von Plastik, Wegwerfprodukten und hemmungslosem Konsum. Gleichzeitig erstickten London, Paris und New York unter dicken Abgaswolken. »Der Preis des Fortschritts ist, dass die Luft in den Großstädten jedes Jahr dreckiger wird. Paris ist dabei, sich selbst zu vergiften. Daran ist nicht nur die Industrie schuld, sondern auch die Menge an Autoabgasen«, so ein Journalist in einem Archivvideo des Institut national français de l'audiovisuel (Ina).

Aurelio Peccei, damaliger Chef des weltweit führenden Schreibmaschinenherstellers Olivetti, Fiat-Vorstandsmitglied und späterer Gründer des Club of Rome, zeigte sich besorgt. *Insbesondere beunruhigten ihn die Armut in einer Überflussgesellschaft, die konjunkturellen Unwägbarkeiten, die Umweltzerstörung und das schwindende Vertrauen in Institutionen und traditionelle Werte – Übel, mit denen die modernen Gesellschaften konfrontiert sind,* sagt Sandrine, die seit 2018 Co-Direktorin des Club of Rome ist.

Der italienische Industrielle wollte führende Persönlichkeiten zusammenbringen, um auf lange Sicht über die komplexen gesellschaftlichen Probleme nachzudenken. Durch seine leidenschaftlich geführten Diskussionen mit dem wissenschaftlichen Leiter der Organisation für wirtschaftliche Zusammenarbeit und Entwicklung (OECE), dem Schotten Alexander King, gründete sich 1968 schließlich der Club of Rome. In der apolitischen internationalen Organisation vereinten sich rasch rund 30 führende Vertreter*innen aus Wirtschaft, Administration, Wissenschaft und Forschung. *Alle Disziplinen waren um einen Tisch versammelt, um die Komplexität der Welt in einem multidisziplinären und systemischen Ansatz zu diskutieren*, so Sandrine.

1972 schlug die Veröffentlichung von *Die Grenzen des Wachstums* ein wie eine Bombe. Der bei Wissenschaftler*innen des Massachusetts Institute of Technology (MIT) in Auftrag gegebene und von der Volkswagenstiftung geförderte Bericht ist die erste umfassende wissenschaftliche Studie über die Gefahren von Wirtschaftswachstum und exponentieller demografischer Entwicklung für die Umwelt und die Menschheit. Mit 30 Millionen verkauften Exemplaren in 36 Sprachen wurde der sogenannte Meadows-Bericht zu einer Initialzündung für die Umweltbewegung.

Die Message war deutlich: Wenn das Bevölkerungswachstum im selben Tempo voranschreitet und wir in einer Welt mit begrenzten Ressourcen wie bisher weiterkonsumieren, steuert unsere Zivilisation geradewegs auf ihr Ende zu, erklärt Sandrine, die bei Erscheinen des Berichts sechs Jahre alt war.

Die Studie unter der Leitung des Forscherpaares Donella und Dennis Meadows stellt zum ersten Mal mithilfe von Computertechnik Interaktionsmodelle mit fünf Variablen dar: Weltbevölkerung, Industrieproduktion, Nahrungsmittelproduktion, nicht-erneuerbare Ressourcen (Mineralien und fossile Energieträger für die Industrie) und Umweltverschmutzung.

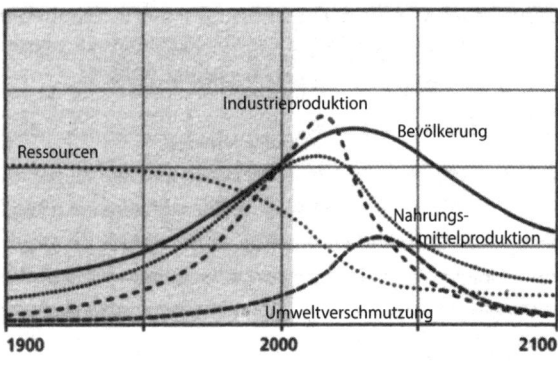

D. Meadows et al., *The Limits to Growth*, Universe Books, 1972.

Die Schlussfolgerungen sind eindeutig: Wenn wir die natürlichen Ressourcen weiterhin im selben Maße ausbeuten, werden durch die ständig wachsende Weltbevölkerung die physikalischen Grenzen der Erde überschritten und es kommt zu einem Zusammenbruch, dessen erste Anzeichen zwischen 2010 und 2030 zu erwarten sind. Unter »Zusammenbruch« verstehen die Autor*innen eine Reihe von plötzlich auftretenden, miteinander verknüpften Krisen, die sich in den verschiedenen Teilen der Welt auf unterschiedliche Weise zeigen. *Genau das erleben wir derzeit mit den diversen Folgeerscheinungen des Klimawandels, dem Rückgang der Artenvielfalt und den immer häufigeren Ausbrüchen von Epidemien,* fasst Sandrine zusammen.

Die Wissenschaftler*innen des MIT beschränken sich aber nicht nur auf eine düstere Prognose. Sie stellen auch eine Reihe von Handlungsoptionen vor, die auf den allmählichen Übergang vom unbeschränkten wirtschaftlichen und demografischen Wachstum zu einem Zustand des Gleichgewichts abzielen. Um diesen Zustand zu erreichen, schlagen sie einen grundlegenden gesellschaftlichen Wandel vor, der die Stabilisierung der Weltbevölkerung und der Produktion bei gleichzeitiger Reduzierung von Rohstoffverbrauch und Umweltbelastung zum Ziel hat. *Der Bericht enthält eine hoffnungsvolle Botschaft: Der Mensch kann den Zusammenbruch verhindern und harmonisch mit den Möglichkeiten des Planeten leben, wenn er sich selbst Grenzen auferlegt,* übersetzt Sandrine. *Die damaligen Datenmodelle hinterließen allerdings den Eindruck, dass uns noch genug Zeit bliebe. Das Zeitfenster schien noch groß,* fügt sie hinzu und plädiert nun für *dringliches Handeln.*

Bei seinem Erscheinen fügt sich *der Meadows-Bericht in eine Geisteshaltung ein, die bereits einen Teil der amerikanischen Intellektuellenkreise durchdrungen hatte,* fährt sie fort. *Diese Ideen lassen sich insbesondere aus einer Rede von Robert Kennedy während der Präsidentschaftskampagne 1968 herauslesen, als er das Bruttoinlandsprodukt (BIP) als Indikator für wirtschaftlichen Fortschritt infrage stellt.* Für den demokratischen Senator, der noch im selben Jahr in Los Angeles ermordet wurde, misst das BIP »alles, außer dem, was das Leben lebenswert macht«.

Die Schlussfolgerungen der MIT-Forschenden in der vom Club of Rome in Auftrag gegebenen Studie stießen auf ein geteiltes Echo und teilweise auf heftige Kritik. *In konservativen Kreisen wurde der Meadows-Bericht geradezu als Apokalypse aufgenommen, da er einen tiefgreifenden Paradigmenwechsel forderte und in gewissem Maße antikapitalistische Standpunkte vertrat,* legt Sandrine dar.

Während die Konservativen die Studie im Namen des sakrosankten Wirtschaftswachstums ablehnten, gab es auch Kritik von Links. In einem der wiederkehrenden Vorwürfe wurde auf die Absurdität verwiesen, die Weltbevölkerung mit einem klaffend großen Wohlstandsgefälle zwischen West und Ost und Nord und Süd als globale Einheit zu betrachten. Durch die ausschließliche Bezugnahme auf die Probleme der reichen Länder, wie Umweltverschmutzung, wurde dem Bericht ebenfalls vorgeworfen, eine rein westliche Perspektive einzunehmen und die Herausforderungen in den armen Ländern zu übergehen. Für die Kritiker*innen war die Vorstellung eines ökonomischen Gleichgewichts nicht zulässig, da es die Ungleichheit auf der Welt nur verfestigen würde.

*Dabei haben die Autor*innen nie ein Loblied auf den Wachstumsrückgang gesungen. Sie mahnten lediglich eine andere Art Wachstum an, einen neuen Sinn für Grenzen,* widerspricht Sandrine.

Natürlich lagen die MIT-Forschenden in einer Reihe von Punkten auch falsch. So unterschätzten sie beispielsweise die Entwicklungsfähigkeit für technologische Innovationen, um bestimmte Umweltverschmutzungen zu reduzieren, sowie die Entdeckung weiterer Energie- und Mineralressourcen. Aufgrund von tatsächlichen Messungen haben sich in den letzten Jahren ihre Prognosen bewahrheitet. Dazu gehört das im Bericht von 1972 als »business as usual« bezeichnete Szenario, das der tatsächlichen demografischen und ökologischen Entwicklung bis heute sehr nahekommt.

Die Weltbevölkerung hat sich seit den 1930er-Jahren mit 2 Milliarden Menschen auf fast 4 Milliarden im Jahr 1970 und 7,8 Milliarden im Jahr 2020 fast zweimal verdoppelt.

Als direkte Folge dieses exponentiellen Wachstums der Weltbevölkerung nimmt der Druck auf die natürlichen Ressourcen immer weiter zu.

Diesbezüglich ist der »globale ökologische Fußabdruck« ein aufschlussreicher Indikator. Dieser durch die NGO Global Footprint Network und den WWF bekannt gewordene Index bemisst die Landflächen und Wassermengen, die sowohl für die Produktion der von uns konsumierten Güter und Dienstleistungen als auch für die Verarbeitung der dabei entstandenen Abfälle anfallen. Diesem Index zufolge gibt es eine weltweite Biokapazität von 12 Milliarden Hektar (Wälder, Weideland, Anbauflächen, Wasser usw.), die vom Menschen genutzt werden können. Wird diese Zahl durch die Anzahl der Menschen auf der Erde dividiert, ergeben sich etwa 1,6 Hektar pro Person. Nach Angaben von Global Footprint Network sind für den derzeitigen Lebensstil eines*e durchschnittlichen Amerikaner*in bereits mehr als 9 Hektar nötig. Es bräuchte also mindestens fünf Planeten, um diese Konsumrate für die gesamte Weltbevölkerung aufrechtzuerhalten.

Wie viele Erden bräuchte es,
wenn die Weltbevölkerung leben würde wie in …

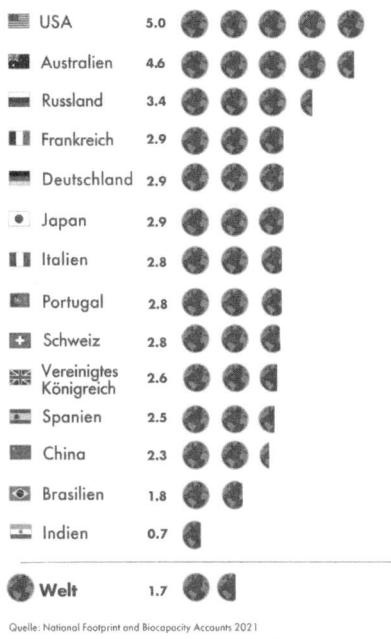

USA	5.0	
Australien	4.6	
Russland	3.4	
Frankreich	2.9	
Deutschland	2.9	
Japan	2.9	
Italien	2.8	
Portugal	2.8	
Schweiz	2.8	
Vereinigtes Königreich	2.6	
Spanien	2.5	
China	2.3	
Brasilien	1.8	
Indien	0.7	
Welt	1.7	

Quelle: National Footprint and Biocapacity Accounts 2021
Resultate für andere Länder verfügbar unter overshootday.org/how-many-earths

Diese Tatsache wird jedes Jahr durch den sogenannten Erdüberlastungstag veranschaulicht, jenem Datum, an dem die Menschheit alle natürlichen Ressourcen verbraucht hat, die die Erde innerhalb eines Jahres regenerieren und erzeugen kann. Auf globaler Ebene wird dieser Tag immer früher im Jahr erreicht. 1972 war es noch der 10. Dezember, im Jahr 2019 der 29. Juli.

2020 war der Erdüberlastungstag, bedingt durch einen noch nie da gewesenen Lockdown für Milliarden von Menschen aufgrund der Corona-Pandemie, drei Wochen später, am 22. August erreicht. Im Jahr 2021 war es jedoch wieder der 29. Juli.

KLIMAWANDELLEUGNUNG UND IHRE WURZELN

In Klimafragen waren die 1970er-Jahre entscheidend, da in diesem Jahrzehnt das Verständnis für die Erwärmung der Atmosphäre erwachte. 1979 konstatierte die American Academy of Sciences in einem vom Weißen Haus in Auftrag gegebenen zusammenfassenden Bericht einen starken »Konsens darin, dass die Verbrennung fossiler Energien und vom Menschen herbeigeführte Bodenumnutzung zu einem klimatischen Wandel führen werden«. In diesem Bericht, der nach seinem Hauptverfasser Jule G. Charney benannt ist, ist weiterhin zu lesen, dass zwingende »Beweise dafür vorliegen, dass sich die Atmosphäre verändert und der Mensch dazu beträgt«.

Experten beschäftigte jedoch eine Frage: Weist die Erderwärmung angesichts eines erhöhten CO_2-Gehalts in der Atmosphäre bereits Veränderungen auf? Auf diese Frage antwortete der Mathematiker James Hansen, Direktor des NASA-Labors Climate Lab, er sei »zu 99 % sicher, dass der Klimawandel bereits begonnen hat« und bekräftigte seine Einschätzung auch am 23. Juni 1988 vor dem US-Kongress. Am nächsten Tag brachte die *New York Times* diese Einschätzung in einer Schlagzeile auf ihre Titelseite und entfachte damit die öffentliche Diskussion zum Thema Klimawandel.

Angesichts der sich häufenden Beweise richteten die G-7-Mächte Kanada, Frankreich, Deutschland, Italien, Japan, Großbritannien und die USA einen Zwischenstaatlichen Ausschuss für Klimaänderungen (IPCC; Weltklimarat) ein, dessen Hauptaufgaben darin bestehen, die Wissens- und Forschungsfortschritte zur globalen Erwärmung zusammenzutragen und die Entscheidungstragenden dahingehend zu beraten.

Seit den 1970er-Jahren hat sich viel getan, aber nicht genug, sagt Esmeralda, deren Engagement für Umwelt und Klima im Lauf ihrer journalistischen Arbeit immer radikaler geworden ist. *Meiner Meinung nach gibt es zwei Hauptverantwortliche: Einerseits die Presse, die Umweltthemen nicht genügend Aufmerksamkeit geschenkt hat, und andererseits die großen Industriekonzerne, die alles unternommen haben, um die Probleme kleinzureden und dafür gesorgt haben, dass sich die Menschen nicht über die Folgen für ihre Existenz bewusst werden,* analysiert sie.

Die Energieriesen wussten seit den ersten wissenschaftlichen Veröffentlichungen, dass die globale Erwärmung Realität ist. Laut einer Untersuchung der *New York Times* über den Zeitraum von 1979 bis 1989 – zehn Jahre, die den Lauf der Geschichte hätten ändern können – kündigte ExxonMobil, einer der größten Ölkonzerne der Welt, zwar an, seine Forschungsprogramme im Bereich erneuerbare Energien intensivieren zu wollen. Aber für den hochprofitablen Sektor der fossilen Energien steht viel zu viel auf dem Spiel. Um ihre Interessen zu schützen und politische Entscheidungen zu verzögern, arbeiten die großen Ölkonzerne seit den 1990er-Jahren eifrig an der Beeinflussung der öffentlichen Meinung, indem sie Hunderte Millionen Dollar in Desinformationskampagnen stecken. Konservative Denkfabriken wie das Marshall Institute, die Heritage Foundation oder das American Enterprise Institute sorgen mit ihren Statements für Verwirrung und Zweifel. Dabei orientiert sich ihr Vorgehen an den Strategien, wie sie bereits vor rund 30 Jahren von der Tabakindustrie angewandt wurde. Die Methode: »Sie beharren darauf, dass die Wissenschaft nicht sicher ist, dass es keinen Konsens gibt und eine staatliche Intervention daher verfrüht und die Bedrohung unter Kontrolle ist«, konstatiert die Wissenschaftshistorikerin Naomi Oreskes, die zusammen mit ihrem Kollegen Erik M. Conway in ihrem Aufsehen erregenden Werk *Die Machiavellis der Wissenschaft: Das Netzwerk des Leugnens* die Macht der Industrielobby in den USA unter die Lupe nimmt und sich insbesondere mit ihren Handlangern aus Wissenschaft und Politik auseinandersetzt, die sich für diese Propaganda einspannen lassen. Warum streuen bedeutende Physiker*innen im Auftrag von Thinktanks Zweifel und Verwirrung? »Es geht hier nicht um Geld«, analysiert sie. »Es geht um Ideologie. Um genau zu sein, um einen Marktfundamentalismus, der wiederum viel grundlegenderen Überzeugungen entstammt, die unter dem Begriff des Neoliberalismus zusammengefasst werden können.«

In den 1980er-Jahren postulierte diese Doktrin – die vom Vereinigten Königreich unter Margaret Thatcher ausging und sich dann in die USA unter Ronald Reagan und in die großen europäischen Hauptstädte verbreitete – die wirtschaftliche Liberalisierung und den freien Wettbewerb als Lösung aller sozioökonomischer Probleme. Der Staat sollte seine regulierende Rolle auf ein striktes Minimum zurückfahren und der Wirtschaft möglichst freien Lauf lassen, denn nur dadurch konnte Wohlstand geschaffen und vermehrt werden, so die Auffassung. Alle, die sich gegen gesetzliche Auflagen wehrten, die ihren Profit schmälern könnten, fanden im Klimaskeptizismus einen fruchtbaren Nährboden, um Zweifel und Verwirrung zu säen – warum Gesetze erlassen, solange die Faktenlage unsicher ist? – und sich eine breite Basis in der öffentlichen Meinung und in den Medien zu schaffen.

Nach dem Grundsatz der Meinungsvielfalt haben westliche Medien systematisch auch die Positionen der Klimaskeptiker aufgegriffen, indem sie den Skeptikern gleich viel Raum geboten haben wie den Klimatologen. Als ob die Klimakatastrophe eine Glaubensfrage wäre und nicht auf Fakten beruhen würde, beklagt Esmeralda. Zahlreiche wissenschaftliche Hochschulstudien haben in der Folge belegt, dass die skeptischen Stimmen hauptsächlich aus dem nicht-wissenschaftlichen Bereich und von Interessengruppen stammen, die sich gegen jede Gesetzesänderung zur Wehr setzten.

Seitdem sorgen die immer alarmierenderen Warnungen der Wissenschaft, das Pariser Klimaabkommen sowie die sicht- und

spürbaren Zeichen des Klimawandels und die davon angestoße-
ne bürgerschaftliche Mobilisierung langsam für eine Trendwen-
de. Während das Thema beispielsweise in den USA immer noch
sehr umstritten ist, halten über 90 % der Europäer*innen Um-
welt- und Klimaschutz für wichtig, wie im Eurobarometer 2019
der Europäischen Kommission abzulesen ist.

*Heute dreht sich die Kontroverse nicht mehr so sehr darum, ob
der Klimawandel menschengemacht ist, sondern vielmehr um die
Dringlichkeit der erforderlichen Antworten. In einem Kontext, in
dem die Wissenschaft ständig dem Beschuss von Politikern wie Jair
Bolsonaro in Brasilien oder dem ehemaligen US-Präsidenten Donald Trump ausgesetzt ist, sind Klimamaßnahmen mittlerweile
sehr ideologisch*, führt Esmeralda weiter aus.

Zwar gibt es auch in Europa *immer noch eine Handvoll hart-
näckiger Klimaskeptiker, die viel größere Herausforderung ist allerdings, dass manche noch glauben, man könne sich Zeit lassen*,
stimmt Sandrine zu. Ihr zufolge ist diese Blindheit für die Fakten
unter anderem auf parteipolitische Motive zurückzuführen. *Aus
historischer Sicht war der Kampf gegen die globale Erwärmung
lange Zeit das Alleinstellungsmerkmal der grünen Parteien, die ein
leichtes Ziel für Konservative und Linke waren. Damals ging es den
Grünen vor allem um Umweltfragen, ohne soziale und ökonomische Belage mit einzubinden. Das Umweltthema war also immer
äußerst spaltend und hochgradig politisiert, obwohl es eigentlich
ein Thema sein sollte, das in einem gesamtheitlichen Ansatz von
allgemeinem Interesse hätte sein sollen*, erklärt sie.

In der Zwischenzeit bietet sich den Lobbyist*innen der großen Öl-, Chemie-, Nahrungsmittel- und Autokonzerne, die
keinerlei Interesse daran haben, ihr »business as usual«-Modell
aufzugeben, ein direkter Weg zu den Menschen: Die sozialen
Netzwerke eröffnen geradezu perfekte Möglichkeiten für die
Verbreitung von Falschinformationen. Wie der Journalist der
französischen Tageszeitung *Le Monde*, Stéphane Foucart, in seinem mit Stéphane Horel und Sylvain Laurens verfassten Buch

Les gardiens de la raison (dt. »Die Wächter der Vernunft)« erklärt, sei das bevorzugte Ziel »nicht mehr nur der Minister oder der hohe Beamte. Der neue Horizont der Lobbyarbeit ist der Durchschnittsbürger, der Mikro-Influencer. Als ›Feldrelais‹ verbreitet er Argumente, die von anderen ersonnen und formuliert wurden, wie die Verteidigung des Klimaskeptizismus im Namen der freien Meinungsäußerung.«

Die Notwendigkeit zum sofortigen Handeln ist – ungeachtet der vielen Gründe, die dafürsprechen – längst noch nicht allgemeiner Konsens. *Auch weil ein offizielles Eingeständnis impliziert, dass konkrete Maßnahmen umgesetzt werden müssen,* fügt Sandrine hinzu. Darauf werden wir in Kapitel 4 ausführlich eingehen.

VOR UND ZURÜCK
BEI DEN KLIMAVERHANDLUNGEN

Um zu verstehen, warum wir im Kampf gegen den Klimawandel so geringe konkrete Fortschritte gemacht haben, reicht der Hinweis auf Desinformationskampagnen zu wirtschaftlichen und politischen Zwecken nicht aus. Die größten Hürden waren und sind geopolitischer Natur.

Werfen wir einen kurzen Blick zurück ins Jahr 1992, als die internationale Gemeinschaft erstmals zu Klimaverhandlungen im brasilianischen Rio de Janeiro zusammenkam. Nicht lange zuvor wurde der Multilateralismus durch den Fall der UdSSR gestärkt, und die Hoffnungen waren groß, dass der dritte Weltgipfel eine bessere kollektive Bewirtschaftung der weltweiten Ressourcen erzielen könnte.

Auf diesem Treffen verabschiedeten rund 100 Staats- und Regierungschefs die Rahmenübereinkommen der Vereinten Nationen über Klimaänderungen, die die Rechtsgrundlage für künftige internationale Verhandlungen bilden sollte. Darin wurde anerkannt, dass menschliche Tätigkeiten zu einer wesentlichen Erhöhung der Konzentrationen von Treibhausgasen geführt haben, und der Grundsatz der »gemeinsamen, aber unterschiedlichen Verantwortlichkeiten«. Demnach sollten die entwickelten Staaten, die in der Vergangenheit für einen Großteil der Treibhausgasemissionen verantwortlich waren, die ärmsten und die Schwellenländer unterstützen, die am wenigsten zur Erderwärmung beigetragen haben, aber am stärksten von den Folgen des Klimawandels betroffen sind.

In den nächsten drei Jahrzehnten sollten diese faktischen Ungleichheiten zu erheblichen Streitigkeiten zwischen den reichen Ländern des Nordens und den armen Ländern des Südens führen und die großen Ungerechtigkeiten des Klimawandels zutage treten lassen. Diese zeigen sich darin, dass die am stärksten betroffenen Bevölkerungen am wenigsten dafür verantwortlich sind.

Auf dem Rio-Gipfel wurden außerdem jährlich stattfindende Konferenzen der Vertragsparteien des Rahmenübereinkommens vereinbart, die berühmten »Conferences of the Parties«. Die erste COP fand 1995 in Berlin statt.

Von diesen großen diplomatischen Treffen zum Klimawandel waren einige bedeutender als andere. Zu den wichtigsten gehört zweifelsohne die dritte Konferenz 1997 im japanischen Kyoto, aus der das gleichnamige Protokoll hervorging.

Das Abkommen, das als großer Fortschritt präsentiert wurde, sieht vor, die Treibhausgasemissionen in 55 Industrieländern zwischen 2008 und 2012 um 5 % gegenüber dem Niveau von 1990 zu reduzieren. In Kraft getreten ist es allerdings erst 2005 – in einer völlig veränderten Landschaft –, nachdem es vom 50. Staat ratifiziert worden war. Die USA – damals größter CO_2-Emittent – machten unter dem Druck der Industrielobby, die sich vehement gegen neue Auflagen wehrte, eine Kehrtwende. Obwohl die USA das Abkommen unterzeichnet hatten, wurde es dennoch nie ratifiziert, d. h., es wurde nicht auf US-Hoheitsgebiet wirksam. Kanada stieg aus dem Abkommen aus trotz der Androhung von Sanktionen bei Nichteinhaltung der Verpflichtungen. China, das aufgrund seines Status als »Schwellenland« nicht zur Verringerung seiner Emissionen verpflichtet war, hat sich in der Zwischenzeit in die Reihe der größten CO_2-Emittenten eingereiht. Am Ende des ersten Protokoll-Zeitraums hielten nur 37 Industrieländer ihre Zusagen ein. Neuseeland, Japan und Russland stiegen aus der zweiten Phase des Protokolls von 2013 bis 2020 aus, die allerdings durch das Pariser Klimaabkommen obsolet wurde.

Angesichts dieser politischen Rückschläge sollte 2009 die COP15 in Kopenhagen wieder eine neue diplomatische Dynamik in die internationalen Vertragsverhandlungen bringen. Doch nach zwei mühsamen Jahren erwies sich der Abschlusstext als Enttäuschung, da er keine neuen quantifizierbaren Ziele zur Treibhausgasreduktion enthielt. Allenfalls wurde von der internationalen Gemeinschaft die Notwendigkeit, den globalen Temperaturanstieg auf maximal 2 °C zu begrenzen, anerkannt, ohne sich selbst die Mittel zur Zielerreichung zu geben. Einzig nennenswerter Fortschritt war, dass die Industrieländer sich auf die Bereitstellung von jährlich 100 Milliarden Dollar bis zum Jahr 2020 einigten, um die Entwicklungsländer bei der Bewältigung der Klimaherausforderungen zu unterstützen.

Die Enttäuschung war riesig, erinnert sich Sandrine, die seinerzeit den Vorsitz der Prince of Wales's Corporate Leaders Group innehatte. *Diese COP hatte dennoch gewaltige Wirkung, weil sie viele nicht staatliche Akteure wie NGOs, aber auch bürgerschaftliche Initiativen, Lokalverwaltungen und Hunderttausende von Unternehmen aufrüttelte, die Einfluss auf die Verhandlungen nehmen wollten und in den Folgejahren ihre Bemühungen verstärkten, um politische Entscheidungen in die Richtung zu lenken, die später in das Pariser Übereinkommen einflossen.*

Die medial weniger beachteten folgenden COP bemühten sich, den stockenden Nord-Süd-Dialog fortzuführen und das

Vertrauen in die Erzielung eines globalen Abkommens wieder herzustellen, um so den Weg für die berühmte COP21 in Paris zu ebnen.

Zwei Wochen vor deren Eröffnung stand die Konferenz jedoch kurz vor der Absage, da die französische Hauptstadt am 13. November 2015 von Terroranschlägen erschüttert wurde. Obwohl über 40 000 Teilnehmer*innen erwartet wurden, darunter annähernd 200 Staats- und Regierungschef*innen, beschloss Frankreich erst in letzter Minute, die COP unter strengsten Sicherheitsvorkehrungen abzuhalten. *Die internationale Gemeinschaft wollte sich nicht einschüchtern lassen. Es herrschte Solidarität, selbst unter Ländern, die sich sonst nicht wohlgesonnen sind. Klimaschutzmaßnahmen waren unerlässlich, dringend sogar! Dieses Gipfeltreffen musste einfach stattfinden, um potenzielle menschliche Katastrophen zu vermeiden*, erinnert sich Sandrine, die *den Kraftakt der französischen Diplomatie im Vorfeld der Konferenz* hervorhebt.

Am 12. Dezember 2015 schließlich konnte die internationale Gemeinschaft nach mehreren Tagen und Nächten zäher Verhandlungen einen historischen Vertrag besiegeln. Im Übereinkommen von Paris bekräftigen 195 Staaten (und die Europäische Union) ihren Willen, die Erderwärmung deutlich unter +2 °C zu halten und weitere Anstrengungen zu unternehmen, um bis zum Ende des Jahrhunderts das 1,5-Grad-Limit nicht zu überschreiten.

Dieser Vertrag ist aus mehreren Gründen bedeutsam. Erstens wird anerkannt, dass die Staaten ehrgeiziger bei der Reduzierung Treibhausgasemissionen werden müssen. *Da die Folgeschäden für die am stärksten gefährdeten Staaten und Regionen wie Inseln und vom Anstieg der Meeresspiegel bedrohte Gebiete, mit jedem halben Grad steigen, war die Revision des Ziels für einen maximalen Temperaturanstieg um 1,5 °C eine absolute Notwendigkeit*, erklärt Sandrine.

Zweitens stützt sich das Abkommen, das seine Lektionen aus dem Scheitern des Kyoto-Protokolls gelernt hat, auf die freiwillige

Verpflichtung der Vertragsstaaten, die aufgefordert sind, ein Verzeichnis ihrer Maßnahmen zu veröffentlichen und ihre Anstrengungen in fünfjährlich erfolgenden »national festgelegten Beiträgen« stufenweise zu erhöhen. Im Übereinkommenstext konnten auch die Unstimmigkeiten zwischen den Ländern des globalen Nordens und Südens beigelegt werden, da alle Unterzeichnerstaaten »unter Berücksichtigung […] ihrer jeweiligen Fähigkeiten« zu einer Emissionsverringerung beitragen sollen. Außerdem wird die Zusicherung einer verstärkten finanziellen Unterstützung für die am meisten gefährdeten Staaten konkretisiert.

Bei der Abschlussversammlung war *die Stimmung ausgelassen. Staats- und Regierungschefs und ihre Delegierten, kommunale Vertreter*innen, NGOs, Bürgerinitiativen, Wirtschaftsführer*innen … Nach so vielen intensiven Verhandlungen warteten alle fieberhaft darauf, dass der Hammer fällt*, erzählt Sandrine. *Als der französische Außenminister Laurent Fabius die Abschlusserklärung verlas, waren wir überglücklich. Viele von uns hatten Tränen in den Augen und waren überwältigt von der internationalen Solidarität, die mit diesem Übereinkommen besiegelt wurde. Es war nicht nur gelungen, alle Staaten – auch jene, die ursprünglich dagegen waren –, sondern auch viele nichtstaatliche Akteure hinter einem ehrgeizigen Ziel zu vereinen. Im Vergleich zu früheren COP, die von zwischenstaatlichen Diskussionen geprägt waren, hat Paris die Zusammenarbeit zwischen den verschiedenen Akteuren tiefgreifend verändert.*

Nun, da die Vorgaben auch für Investoren und Wirtschaft klarer waren, *kamen Hunderte von Unternehmen mit teilweise sehr ehrgeizigen, teilweise eher bescheidenen Vorschlägen zu einer Verbesserung der Emissionsbilanz daher. Aber das Übereinkommen war wirklich der Beginn von etwas Neuem, nämlich der Hoffnung darauf, dass der notwendige Wandel tatsächlich konkret angegangen wird*, fügt Sandrine hinzu.

Esmeralda von Belgien erinnert sich mit gemischten Gefühlen an jenen bedeutenden Tag, den 12. Dezember 2015. Als Präsi-

dent des Fonds Léopold III hat sie als Vertreterin von Aktivist*innen und indigenen Völkern an der letzten Verhandlungs-
runde teilgenommen und sieht den Verlauf der Ereignisse eher
skeptisch. *Die Begrenzung der Erderwärmung auf +1,5 °C war ein
echter Schritt nach vorn. Eine Erleichterung, wenn man bedenkt,
dass das ursprüngliche Ziel bei +2 °C lag. Aber das daraus folgende
Hochgefühl führte auch zu sehr viel Selbstgefälligkeit ... Das Treffen entwickelte sich zu einem Zirkus, bei dem jeder gesehen und
beglückwünscht werden wollte; ein Schaulaufen der Egos, zu dem
ein paar Indigene für die Folklore eingeladen wurden. Und der
Text enthält kein einziges Wort über den Verzicht auf fossile
Energieträger, die Hauptschuldigen für Treibhausgasemissionen,
beklagt sie. Die folgenden COP waren denn auch katastrophal. Die
versprochene finanzielle Unterstützung für die am stärksten betroffenen Länder des Südens bleibt ein schwieriges Thema. Die
schönen Versprechungen des Jahres 2015 warten immer noch darauf, in die Tat umgesetzt zu werden.*

Der Vertrag sieht keine Sanktionsmechanismen für den Fall
vor, dass ein Staat seine zugesagten Klimaziele nicht einhält, und
auch ein Vertragsausstieg ist leicht, wie der ehemalige US-Präsi-
dent Donald Trump vorgemacht hat, der das Übereinkommen
als Bremsklotz für die US-Wirtschaft betrachtete.

Als Antwort auf diese bitteren Einwände weist Sandrine auf
die Komplexität der Verhandlungen hin. *Wir hatten solche Angst,
alles zu verlieren und nichts zu erreichen. Darin liegt die ganze
Schwierigkeit bei einem Kompromiss: Wie weit kann man gehen?
Geht man weit genug? Aber auch nach dem Rückzug der USA und
den Unzulänglichkeiten des Pariser Übereinkommens bleibt dieser
Vertrag eine solide Grundlage und die einzige, die wir in der Klimapolitik haben.*

Auch wenn viele Gesellschaftsbereiche vom Optimismus, den die
Unterzeichnung und das Inkrafttreten des Vertrags ein Jahr spä-

ter ausgelöst hatten, elektrisiert waren, ließ die Begeisterung in den folgenden Jahren nach. *Allmählich dämmerte den Regierungen, wie groß und komplex die Herausforderungen sind. Durch das Pariser Übereinkommen wurde die Aufgabe nun ganz real, und so traten einige Staaten den Rückzug an,* konstatiert Sandrine.

Der seit der Wahl von Donald Trump 2016 befürchtete *Rückzug der Amerikaner hat allerdings eine heilsame Rückbesinnung bewirkt,* erklärt sie. *In den USA haben viele Städte und Bundesstaaten beschlossen, das Pariser Übereinkommen in Eigeninitiative umzusetzen. Auf internationale Ebene hat die Kehrtwende der USA schließlich China und die EU – weltweit größter bzw. drittgrößter CO_2-Emittent – gezwungen, Verantwortung zu übernehmen. Seitdem hat sich die Europäische Union - trotz interner Spannungen beim Ausstieg aus fossilen Energieträgern, insbesondere mit Ländern wie Polen, die immer noch stark von der Kohle abhängig sind – mit ihrem Green Deal und dem Ziel, bis 2050 klimaneutral zu werden, eindeutig an die Spitze des Klimakampfes gestellt,* argumentiert sie.

Auf globaler Ebene ist der Weg des Wandels jedoch lang und steil. Nur sehr wenige Staaten kommen ihren Verpflichtungen zur Verringerung der Treibhausgasemissionen nach, und selbst wenn – die Summe aller freiwilligen Beiträge führt immer noch zu einer zu starken Erderwärmung von mindestens 3 °C, wodurch die ehrgeizigen Ziele des Pariser Übereinkommens eindeutig gerissen werden.

WENN DIE JUGEND WÜTEND WIRD

Dezember 2018. Zur Eröffnung der COP24 im polnischen Kattowitz demonstrierten rund 75 000 Menschen in Brüssel für eine ambitioniertere Klimapolitik. Zwei Tage später verweigerte Belgien seine Zustimmung zu zwei EU-Richtlinien zur Energieeffizienz und zu erneuerbaren Energien, weil im Parlament kein

Konsens zwischen den Regionen erzielt werden konnte. Als sie davon erfuhren, beschlossen Anuna De Wever und ihre Freundin Kyra Gantois eine Demonstration zu organisieren. *Klima geht uns alle an*, sagt Anuna. *Mit der Unterzeichnung des Pariser Übereinkommens haben die Staats- und Regierungschefs zugesagt, den Temperaturanstieg auf 1,5 °C zu begrenzen. Das haben sie uns für unsere Zukunft und den am meisten betroffenen Menschen versprochen. Sie müssen liefern.*

Inspiriert durch die von Greta Thunberg in Schweden ins Leben gerufenen Schulstreiks, haben die beiden ein Video in die sozialen Netzwerke gestellt, in dem sie ihre Freund*innen aufrufen, die Schule zu schwänzen und mit ihnen nach Brüssel zu fahren, um sich Gehör zu verschaffen. *Alle haben uns belächelt und gedacht, wir wären nur zu zweit auf den Brüsseler Straßen*, erinnert sich Anuna, Mitbegründerin der Jugendbewegung Youth for Climate.

Am 10. Januar 2019 jedoch riss der Strom der Schüler und Schülerinnen nicht ab. Entgegen allen Erwartungen drängten sich rund 3000 junge Menschen auf dem Vorplatz des Bahnhofs Brüssel-Central, sodass er fast überquoll. Da es nur eine Genehmigung für eine stehende Versammlung gab, musste die Kundgebung über die Rue de la Loi zum Parc du Cinquantenaire umziehen, weshalb kurzzeitig mehrere City-Tunnels gesperrt werden mussten. Der erste Schulklimastreik war ein Erfolg.

Der Anstoß für die Schulstreiks ging zwar von Flandern aus, aber Anuna hoffte, eine nationale Bewegung zu schaffen. *Wir brauchten alle auf der Straße: Flamen, Wallonen, Brüsseler*, meint die Antwerpenerin, ungeachtet der traditionellen Konflikte zwischen den Gemeinschaften.

Anuna suchte junge Leute, die französisch sprachen, um die Bewegung auszuweiten. Ein gemeinsamer Freund unserer Väter hatte ihr von mir erzählt und gesagt, ich sei ihr französischsprachiges Pendant, schaltet sich Adélaïde ein, Mitbegründerin von Youth for Climate. *Ich rief sie an. Wir vereinbarten direkt ein Treffen in*

Brüssel, und ich habe mich der Bewegung angeschlossen. Für den nächsten Protestzug mussten wir so viele Leute wie möglich zusammentrommeln. Ich habe Facebook-, Messenger- und Instagram-Gruppen gegründet und in der Schule davon erzählt… Am Donnerstag darauf kamen Hunderte zum Namurer Bahnhof, um in den Zug nach Brüssel zu steigen. Es war unglaublich, fügt sie hinzu.

An den wöchentlichen Protestzügen nahmen erst 7000, dann 10 000 und schließlich bis zu 35 000 junge Menschen teil, die von Lehrkräften, Forschenden, Großeltern, NGOs und Gewerkschaften begleitet wurden. Gleichzeitig erhöhten Organisationen wie Coalition Climat, Rise for Climate und Extinction Rebellion mit vielen Aktionen den Druck auf die Abgeordneten.

In der Schule ging es nicht mehr um Klatsch und Tratsch, sondern um mögliche Kooperationen, durch die wir unsere Wirkung maximal verstärken konnten, erzählt Adélaïde. *Für uns war das wirklich der Beginn einer Revolution.*

Als die Jugendlichen in Belgien und weltweit auf die Straße gingen, *haben sie sich in einem entscheidenden Moment in den öffentlichen Diskurs eingemischt,* fügt Sandrine hinzu, die von der Initiative der Jugendlichen tief beeindruckt ist. *Ohne es zu wissen, haben sie den »Geist von Paris« zurück in die internationalen Debatten gebracht und dem sehr schwierigen Kampf gegen den Klimawandel einen neuen Impuls verliehen. Wir brauchten dringend neue Stimmen, um unsere Hoffnungen nicht zu verlieren.*

Wenige Monate vor den Regional-, National- und Europawahlen im Mai 2019 sahen sich die belgischen Parteien aufgrund des wachsenden öffentlichen Drucks gezwungen, sich eindeutig zu einem Thema zu positionieren, das zuvor als nebensächlich galt. *Das ist einer der größten Erfolge der Bewegung: den Kampf gegen den Klimawandel in den Mittelpunkt der öffentlichen Diskussion zu rücken,* freut sich Adélaïde.

Der Erfolg der grünen Partei in Wallonien und Brüssel dürfte wohl damit zusammenhängen, und auch im Europäischen Parlament konnten die Grünen einen historischen Erfolg verbuchen. *Noch wichtiger ist, dass der Druck der Bevölkerung, der durch verschiedenste Bürgerbewegungen ausgeübt wird, dazu geführt hat, dass viele Parteien, von links bis rechts, die Klimapolitik in ihre Programme aufgenommen haben,* erklärt Sandrine.

Ebenfalls erwähnenswert: Der Green Deal, mit dem die EU bis zum Jahr 2050 klimaneutral werden will, wurde von der Präsidentin der Europäischen Kommission, Ursula von der Leyen aus dem konservativen Lager, initiiert. *Die Menschen wachen auf, und das zeigt Wirkung. Die Klimakrise und die damit verbundenen Herausforderungen haben Präsidentin von der Leyen und ihre Kommission nicht unberührt gelassen,* fügt Sandrine hinzu.

Die jungen Klimaaktivistinnen, angetrieben von Wut und Zukunftsängsten, haben jedoch nur eine vage Vorstellung von der langen Geschichte der Klimaverhandlungen, ein Thema, das an weiterführenden Schulen nicht behandelt wird. Wer von ihnen hat je schon vom ersten Bericht des Club of Rome gehört, der als Initialzündung für die ökologische Bewegung gilt? Wer von ihnen weiß, dass sich die Wissenschaft bereits Ende der 1970er-Jahre einig darüber war, dass die Erderwärmung menschengemacht ist? Nur ganz wenige berufen sich auf das Erbe der Älteren, die sich in Umweltinitiativen und -NGOs engagierten. *Aber diese Tradition stärkt die Legitimität unserer Aktion umso mehr,* stellt Anuna fest.

Jenseits des Atlantiks hat die protestierende Jugend die Öl- und Gasriesen aufgeschreckt. Einer vertraulichen Aufzeichnung zufolge, die im September 2020 von der *New York Times* enthüllt wurde, sorgen sich die Konzerne um ihr Image insbesondere bei jungen Menschen, deren Einfluss sie begegnen wollen, in dem sie auf die emotionale Karte »angesichts des Risikos, den Kampf zu verlieren« setzen.

2021 – ENTSCHEIDEND FÜR KLIMA
UND ARTENVIELFALT

Eigentlich sollte 2020 ein entscheidendes Jahr für Klima und Biodiversität und eine wichtige Etappe zur Verbesserung der Klimaziele sowie zum Schutz der Tier- und Pflanzenvielfalt werden. Aber durch die Corona-Pandemie wurde alles verschoben.

Mit einem Jahr Verzögerung sollten 2021 alle ausgefallen internationalen Konferenzen nachgeholten werden – keine leichte Aufgabe. Dazu gehörte auch die UN-Artenschutzkonferenz COP15 – nach dem Vorbild der großen Klimakonferenzen –, auf der ein internationales Abkommen zum besseren Schutz der global schwindenden biologischen Vielfalt erreicht werden sollte.

Von großer Bedeutung war auch die Weltklimakonferenz COP26 im schottischen Glasgow, da erwartet wurde, dass die Unterzeichnerstaaten des Pariser Übereinkommens in einem schwierigen geopolitischen Kontext ihre Klimaverpflichtungen verstärken würden. (Bewertung der COP26 durch die Autorinnen: s. S. 152.)

Seit der Wahl von Jair Bolsonaro ins brasilianische Präsidentenamt 2018 hat sich die Abholzung im Amazonasgebiet beschleunigt, wodurch immer größere Waldsenken fehlen, die für die Bindung von Kohlenstoff so nötig sind, was in völligem Widerspruch zu den internationalen Klimaschutzbemühungen steht. Laut WWF haben die Waldrodungen 2019 im Vergleich zu den drei vorangehenden Jahren um 60 % zugenommen; 2020 wurde vom Nationalen Brasilianischen Institut für Weltraumforschung (INPE) als das verheerendste seit 12 Jahren bezeichnet. Abgesehen von den irreversiblen Schäden für Klima und Biodiversität sind auch die indigenen Amazonasvölker erheblich von den Rodungen betroffen. *Ihr Überleben ist durch die Ausdehnung der Agrarflächen aus rein wirtschaftlichen Interessen extrem bedroht. Die Indigenen werden nicht nur ihrer Siedlungsgebiete, sondern*

auch ihrer Kultur beraubt, die auf einem über Jahrtausende wei-
tergegebenen Wissen über den Wald beruht. Es ist eine ganze Zivi-
lisation bedroht, sagt Esmeralda.

Saudi-Arabien mit seinen riesigen Ölvorkommen scheint ebenso wenig wie Brasilien bereit zu sein, seine Anstrengungen zu erhöhen, und Russland, das das Schmelzen des arktischen Packeises für einen neuen Seeweg nutzen will, noch weniger. Auch von Australien, das seinen Kohleabbau mit Händen und Füßen verteidigt, ist keine Rettung zu erwarten. *Es hakt überall ein bisschen*, räumt Sandrine ein, auch wenn die Europäische Union und China auf Kurs zu bleiben scheinen.

Nach Ansicht der UNO ist die Welt kurz davor, die Chance zu verpassen, die globale Erwärmung auf 1,5 °C zu begrenzen, was unbedingt notwendig ist, wenn sich die Zahl der Opfer steigender Meeresspiegel durch Wirbelstürme, Überschwemmungen und Dürren nicht dramatisch erhöhen soll. Um diesen Schwellenwert nicht zu überschreiten, müssten die Staaten ihre Treibhausgasemissionen um 7,6 % pro Jahr reduzieren, sprich fünfmal mehr als die bisherigen nationalen Verpflichtungen.

Diesbezüglich hat die Verschiebung der COP26 aufgrund der Corona-Pandemie der Arbeit hinter den Kulissen zusätzliche Zeit verschafft. *Die weltweiten Auswirkungen des Virus haben dazu geführt, dass das Bewusstsein für die Dringlichkeit von Maßnahmen und den Zusammenhang zwischen sanitären und klimatischen Krisen und dem Artensterben gestiegen sind*, erklärt Sandrine.

Die Erreger, die für die großen Epidemien in den letzten Jahrzehnten verantwortlich waren, wie HIV, Ebola, Zika, Vogelgrippen, MERS und jetzt Covid-19, haben alle eines gemeinsam: Sie sind tierischen Ursprungs. Wissenschaftliche Studien belegen inzwischen, dass massive Abholzung, Urbanisierung und Industrialisierung – Ursachen für den Klimawandel und den Rückgang der biologischen Vielfalt – auch den Weg der Viren in den menschlichen Körper geebnet haben.

In den Zwischenverhandlungen für die COP26 wurde erstmalig der Zusammenhang zwischen Klimakrise und biologischer Vielfalt mit aufgenommen und unser Verhältnis zu den Grenzen der Natur hinterfragt. Rund um die Konferenz fanden viele Parallelveranstaltungen statt, in denen über diese nun unumgänglichen Fragen debattiert wurde, fügt Sandrine hinzu, der zufolge *die Anstrengungen im Vorfeld der Konferenz vervielfacht wurden.*

Die Pandemie hat aber auch große Hoffnungen auf Veränderungen geweckt. *Vielfach gab es Forderungen, die geschnürten Konjunkturpakete auf eine klimaneutrale, gesunde und sozial gerechte Ökonomie auszurichten. Die Staaten haben die einmalige Chance, den Wandel einzuleiten. Die COP26 ist in dieser Hinsicht ein Moment der Wahrheit,* fährt sie fort.

Der Druck der Straße hätte sich zweifelsohne weiter verstärkt, wären die Proteste nicht durch die Corona-Schutzmaßnahmen vorübergehend eingestellt worden. Die Corona-Krise hat die Klimakrise aus den Schlagzeilen verdrängt. *Wir haben in einem strategischen Moment viel an Aufmerksamkeit verloren,* bedauert Adélaïde. Die Mobilisierung hat sich im Wesentlichen ins Internet verlagert, wo die Wirkung viel geringer war als auf der Straße. *Wir fanden uns schnell in einer Blase wieder, zwischen bekehrten Aktivist*innen,* fügt sie hinzu. Der Kampfgeist der Jüngeren, die sich Sorgen um die Welt machen, die sie von den Älteren erben werden, hat Eindruck hinterlassen. Auf Einladungen von EU-Kommissionspräsidentin Ursula von der Leyen und der damaligen Bundeskanzlerin Angela Merkel im Sommer 2020 haben Greta Thunberg, Anuna De Wever, Adélaïde Charlier und Luisa Neubauer den Finger in die Wunde gelegt: Die bisherigen Klimaanstrengungen reichen noch immer nicht aus.

Die Volksvertreter*innen wissen jetzt, dass sie Rechenschaft ablegen müssen und sie unter Beobachtung der Jugend stehen, sagt Sandrine, die glaubt, dass *das Hintergrundrauschen von Bürgerinitiativen, Kommunalverwaltungen, Forschenden, Unternehmen usw. weiterhin extrem wichtig ist, um den Transformationsprozess voranzutreiben.*

KAPITEL 2

Die Würde der Existenz

Esmeralda, Sandrine, Anuna und Adélaïde sind auf ihre jeweils eigene Art Aktivistinnen. Die beiden Erstgenannten nutzen ihren Einfluss auf höchsten Entscheidungsebenen, die beiden Jüngeren mobilisieren die Zivilgesellschaft und versuchen so, Einfluss auf die Politik zu nehmen.

Vier Frauen, zwei Generationen, aber ein und derselbe Wunsch: der Schutz der Würde der Existenz angesichts der Klima-Ungerechtigkeit.

BLICK ÜBER DEN EUROPÄISCHEN TELLERRAND

Der Klimawandel betrifft uns alle. Das Ausmaß der Folgen und die Herausforderungen, die sich daraus ergeben, variieren je nach Region. Die zahlreichen Berichte und Feldstudien, die die Krise dokumentieren, bestätigen übereinstimmend: Die humanen, sozialen und ökonomischen Folgeschäden der Erderwärmung treffen vor allem den globalen Süden.

Auf der nördlichen Halbkugel hat das Jahr 2019 mit Überschwemmungen, Hitzewellen und Dürreperioden einen Wendepunkt in der kollektiven Wahrnehmung markiert. Vielleicht haben wir zum ersten Mal realisiert, dass der Klimawandel auch bei uns angekommen ist, während er sich im globalen Süden schon viel früher vollzogen hat, beobachtet Esmeralda, deren sorgenvoller Blick schon lange auf diese Regionen gerichtet ist.

Als Kind träumte die Prinzessin von Expeditionen in ferne Länder und tropische Wälder, die das Gegenteil eines vom Hofprotokoll diktierten Lebens waren, das mit ihrem Titel verbunden war. Bereits fünf Jahre vor ihrer Geburt 1956 hatte ihr Vater Leopold III. abgedankt und widmete sich fortan hauptsächlich wissenschaftlichen Erkundungsmissionen. Von seinen königlichen Pflichten entbunden, *hatte er das Glück, noch 30 Jahre jenes Leben zu führen, das er wollte,* lächelt sie. Er, der gern und viel reiste, *sagte mir oft, dass die Geschichte des Westens nur ein kleiner Teil der Weltgeschichte sei, dass wir unseren Blick erweitern müssen, um über den europäischen Tellerrand hinaussehen zu können.*

Ihr langjähriges Engagement für die Natur und die Rechte indigener Völker hat Esmeralda von ihrem Vater übernommen, der ihr als begeisterter Botaniker und Ethnologe vieles beibrachte. *Bei seinen drei- bis viermonatigen Forschungsreisen ins Amazonasgebiet verbrachte er viel Zeit bei indigenen Stämmen, teilte ihre Mahlzeiten und Bräuche und schrieb mir Briefe, durch die ich gefühlt an seinen Erkundungen teilnahm,* erzählt sie.

Als Hobbyfotograf nahm der belgische Ex-König Zehntausende Fotos auf – Alltagsszenen oder Porträts von großem wissenschaftlichem Wert –, die heute im Belgischen Institut für Naturwissenschaften archiviert werden. *Schon damals erklärte er mir, wie wichtig der Schutz der indigenen Völker ist, deren uraltes Wissen über die Wälder sie zu ihren besten Hütern machen.*

Als Präsidentin des Fonds Léopold III für die Erforschung und Erhaltung der Natur setzt sich Esmeralda mit großem Engagement für die Rechte der indigenen Völker ein. *Wir unterstützen jedes Jahr rund 15 wissenschaftliche Forschungsprojekte. In Ecuador haben wir beispielsweise ein Projekt über die Heilpflanzen des Sarayaku-Volkes finanziert,* erklärt sie. Durch den Klimawandel haben Probleme mittlerweile eine ganz neue Dimension angenommen. Die Indigenen bekommen die Veränderung ihrer Umwelt mit voller Wucht zu spüren, von der sie in Bezug auf

Nahrung und Heilmittel unmittelbar abhängig sind. *Im Amazonasgebiet und in Ecuador hat sich ihre Lage durch die Corona-Krise weiter verschlechtert. Die indigenen Stämme sind unzureichend ausgestattet, um der Pandemie entgegenzutreten,* betont sie.

Esmeralda, die jüngste Tochter König Leopolds III. aus zweiter Ehe und Halbschwester der Könige Baudouin und Albert II., ist bekannt für ihr politisches und gesellschaftliches Engagement. *Da ich keine fürstlichen Zuwendungen erhalte, bin ich auch nicht zur Zurückhaltung in der Öffentlichkeit verpflichtet.*

Als Journalistin war sie im Lauf ihrer Karriere häufiger mit *Ungerechtigkeit und Ungleichheit* konfrontiert, die dazu geführt haben, dass sie *etwas verändern und einen kleinen Beitrag leisten wollte,* sagt sie. Mit den Jahren hat sich ihre Position zu Umweltfragen radikalisiert. *Es hat irgendwann Klick gemacht, und mir wurde klar, dass es nicht ausreicht, als Journalistin über etwas zu schreiben, das einem so am Herzen liegt. Ich hatte das Bedürfnis zu kämpfen, Aktivistin zu sein.*

So kam es, dass sie sich in ihrem *Streben nach Gerechtigkeit* an mehreren Fronten engagiert. Sie setzt sich nicht nur für die Rechte indigener Völker ein, sondern auch für die Frauenrechte – *die als erste infrage gestellt werden* – und kämpft für die *sofortige Umsetzung von Maßnahmen gegen den Klimawandel, der zu großen Ungerechtigkeiten führt.*

Heute wissen wir, dass die Ärmsten am härtesten vom Klimawandel betroffen sind, darunter Indigene und Frauen, erklärt sie. Warum Frauen? *Weil sie laut UNO mit 70 % die große Mehrheit der in Armut lebenden Menschen stellen. In den ländlichen Gebieten des globalen Südens sind sie für die Beschaffung von Wasser und Feuermaterial zum Kochen und Heizen zuständig, was sie zwingt, immer weitere Strecken zurückzulegen, weil die Ressourcen knapper werden. Frauen kümmern sich auch um die Landwirtschaft und sind deshalb unmittelbar mit Dürren und Überschwemmungen konfrontiert. Und doch werden ihr Wissen und ihre Erfahrungen vor Ort kaum berücksichtigt, da sie sehr wenig in*

Entscheidungsprozesse eingebunden werden, fügt Esmeralda hinzu, für die *Genderfragen von entscheidender Bedeutung im Kampf gegen den Klimawandel sind*.

2011 erschien ihr Buch *Terre! (dt. »Erde«)*, ein Plädoyer für die Umwelt, in dem sie mit ganz unterschiedlichen Persönlichkeiten Gespräche führt – darunter der Schauspieler und Dokumentarfilmer Sir David Attenborough (»Der blaue Planet«), die Seglerin Isabelle Autissier, der Literaturnobelpreisträger Mario Vargas Llosa und der senegalesischen Musiker Youssou N'Dour –, in denen es um die Dringlichkeit der Aufgaben zum Schutz des Planeten und der Menschheit geht.

Drei Jahre später folgte *Femmes, Prix Nobel de la paix (dt. »Frauen, Friedensnobelpreis«)*, ein Buch, in dem sie zehn außergewöhnliche Frauen portraitiert, allesamt Friedensnobelpreisträgerinnen, darunter die guatemaltekische Menschenrechtsaktivistin Rigoberta Menchú, die sich international für die Rechte der indigenen Völker in Mittelamerika einsetzt, oder die damalige liberianische Präsidentin Ellen Johnson Sirleaf.

In London, wo sie seit 20 Jahren lebt, ist Esmeralda in der radikalen Umweltschutzgruppe Extinction Rebellion aktiv, die den zivilen Ungehorsam propagiert. Im Oktober 2019 wurde sie nach der Blockade des berühmten Londoner Trafalgar Square festgenommen und machte damit Schlagzeilen in den Medien. *Ich wusste, dass die Gefahr bestand, verhaftet zu werden, und genau deshalb habe ich an der Blockade teilgenommen. Ich wusste, dass die Aktion dann auf ein großes Echo stößt*, erklärt sie. *Bewegungen wie Youth for Climate oder Extinction Rebellion haben mit ihren ganz eigenen Mitteln maßgeblich dazu beigetragen, den Klimawandel und seine Gefahren in die Köpfe der Menschen zu bringen. Als ich mich im April 2019 den Aktivist*innen angeschlossen habe, habe ich Menschen mit ganz unterschiedlichem Hintergrund und jeden Alters kennengelernt, Menschen, die mit Aktivismus nicht unbedingt vertraut waren. In diesen Kreisen herrschte ein Geist wie in den 1970ern.*

Die mittlerweile 60-jährige belgische Prinzessin nutzt ihren klangvollen Namen, *um die Stimme derjenigen zu stärken, die die großen Geldgeber sonst nicht erreichen* – Geldgebende, die auch Organisationen willkommen sind, denen sie vorsteht bzw. die sie unterstützt, wie dem Fonds Léopold III, aber auch der NGO Friendship Belgium, die Opfer der Klimakatastrophen in Bangladesch unterstützt, oder dem WWF, dessen Ehrenbotschafterin sie ist.

DIE ANFÄNGE EINER MISSION

Die Anfänge ihres eigenen Engagements sieht Adélaïde in Vietnam, wo sie fünf Jahre gelebt hat. Das südostasiatische Land mit seiner über 3000 Kilometer langen Küste ist besonders stark vom Anstieg des Meeresspiegels bedroht und hat seit einigen Jahren mit immer heftigeren Stürmen, Überschwemmungen und Dürren zu kämpfen.

Die gebürtige Namurerin war 11 Jahre alt, als sie im Januar 2012 mit ihrer Familie nach Hanoi zog, wohin ihr Vater, *für den internationale Solidarität sehr wichtig ist*, von der belgischen Agentur für Entwicklungszusammenarbeit Enabel entsandt wurde.

Während meiner Zeit in Vietnam besuchte ich die Schule der Vereinten Nationen in Hanoi, wo der Unterricht auf Englisch stattfand. Der Lehrplan sah auch vor, sich mit einem bestimmten Thema näher auseinanderzusetzen. Ich hatte mich für den Schutz der Asiatischen Schwarzbären entschieden, die vom Aussterben bedroht sind, weil ihre Gallenblase angeblich eine medizinische Wirkung hat. Natürlich wurde auch viel über den Klimawandel gesprochen, ein unvermeidliches Thema in diesem Teil der Welt, der immer mehr unter Naturkatastrophen zu leiden hat.

In der Schule erfuhr Adélaïde auch von den Gefahren, denen das Mekong-Delta und die Millionen von Menschen, die von und an dem Fluss leben, ausgesetzt sind. Dieses riesige fruchtbare Gebiet, das als wichtigste Reiskammer Vietnams gilt, ist durch den Anstieg des Meeresspiegels massiv bedroht, wodurch das Salzwasser immer weiter ins Land vordringt und das empfindliche Ökosystem aus dem Gleichgewicht bringt, sodass es zu Erdrutschen und Überflutungen der Reisfelder kommt.

Wegen des Verlusts ihres Lebensunterhalts bleibt vielen Reisbauern nichts anderes übrig, als in die Städte abzuwandern, was wiederum zu immer größerer Armut und sozioökonomischer Ungleichheit führt. Nach Angaben der vietnamesischen Behörden werden ohne entsprechende Vorkehrungen und Interventionen bis zum Jahr 2100 rund 40 % des Deltagebiets durch Überschwemmungen bedroht sein und damit auch die Ernährungssicherheit des Landes.

In jener Zeit, erinnert sich Adélaïde, sei ihre Mutter, eine Psychologin, mehrmals von Hanoi in die Küstenregionen gefahren, um Taifunopfern zu helfen. Was Adélaïde im Schulunterricht lernte, deckte sich mit ihren Alltagserfahrungen. *Ich erinnere mich vor allem an einen Urlaub am Meer, den wir im Hotel verbringen mussten. Als wir dort ankamen, war nämlich der Strand verschwunden. Meine Eltern erklärten mir, dass es sich dabei um Küstenerosion handelte. Das hat mir das Problem ganz deutlich gemacht. Ich glaubte aber auch, dass ich, wenn ich wieder zurück in Belgien wäre, wie gehabt weiterleben könnte. Und dass die Politiker das Problem der globalen Erwärmung ernst nehmen würden.*

Als Adélaïde als 16-jähriger Teenagerin wieder in unsere Breitengrade zurückkehrte, trat sie Amnesty International bei, weil sie für ihre Ideale einstehen und Solidarität zeigen wollte und sich für etwas engagieren und mit anderen für gemeinsame Überzeugungen kämpfen wollte. *Ich war in Jugendbewegungen, habe in einem Hockeyteam gespielt, war in einer Schwimmmannschaft. Das Gefühl, nicht allein, sondern mit anderen für etwas zu kämpfen, motiviert mich. In einer Gruppe muss man lernen, zuzuhören, andere Meinungen zu akzeptieren, Kompromisse zu schlie-*

ßen und Sachen selbst in die Hand zu nehmen. Das erfordert viel persönliches Engagement, aber es ist eine unglaubliche Energiequelle.

Als ihr Vater ihr im Januar 2019 von der ersten Jugend-Klimademonstration in Brüssel erzählte, nahm sie Kontakt zu Anuna auf. *Ich wollte Teil der Bewegung sein, um sie auch in Wallonien auszubreiten. Denn nur zusammen können wir für einen Wandel sorgen, nicht einzeln,* sagt sie überzeugt.

Ihr ausgeprägter Gemeinschaftssinn trieb sie mit gerade mal 19 Jahren an, gegen ein System aufzubegehren, das den Planeten und die Schwächsten mit Füßen tritt, und alle Kräfte dagegen zu bündeln, um eine nachhaltigere, solidarischere Welt zu schaffen. Allen, die über ihren Aktivismus spotten, entgegnet sie: *Das Klima ist nicht mein persönlicher Kampf, sondern unsere gemeinsame Angelegenheit.*

Adélaïde, die sich nach nur wenigen Wochen an die Spitze der Bewegung setzte, verbrachte Stunden und Nächte damit, zu lesen, sich zu informieren, sich Dokumentarfilme anzusehen und mit anderen Aktivist*innen zu sprechen. Sie zwang sich selbst, *die Probleme und Herausforderungen zu begreifen, die Zusammenhänge zwischen unserem konsumorientierten Lebensstil und der Klima- und Biodiversitätskrise aufzudröseln. Probleme, die oft getrennt dargestellt werden, obwohl in Wirklichkeit alles eng miteinander verknüpft ist,* sagt sie.

Zur Veranschaulichung führt sie die Jeans an, eines der umweltschädlichsten Produkte und beispielhaft für unsere globalisierte Konsumgesellschaft. *Jeder hat sie, jeder trägt sie. Aber bevor sie bei uns in die Läden kommen, haben Jeans schon Tausende Kilometer hinter sich, weil die Produktionsschritte auf der ganzen Welt stattfinden. Für eine einzige Jeans werden allein schon Tausende Liter Wasser und eine Menge Pestizide beim Baumwollanbau verbraucht. Bei der Verarbeitung der Fasern in Ländern, in denen es oft keine Umweltvorschriften gibt, werden dann Chemikalien eingesetzt, die schädlich für die Arbeiter*innen und das*

Grundwasser sind. *Ganz zu schweigen von dem Mikroplastik, das sich beim Waschen ablöst und schließlich in den Ozeanen landet*, argumentiert sie.

Ihre Nachforschungen führten zu einer radikalen Umstellung ihrer Konsumgewohnheiten, vor allem dazu, erst zu denken, dann zu kaufen. *In meiner Familie gab es schon immer ein ökologisches Bewusstsein, aber meine Eltern waren nicht extrem. Die Protestmärsche haben mich in meiner Überzeugung bestärkt. Unsere Generation wurde in eine Welt hineingeboren, in der wir nicht wissen, was in unserem Essen, unserer Kleidung, unseren Smartphones steckt … Die Zusammenhänge zwischen Klima- und Biodiversitätskrise bleiben unerkannt, solange wir nicht die Kehrseite der Medaille beleuchten und die schönen Versprechungen der Werbung entlarven wollen, die uns zum Konsum verführen, ohne uns der katastrophalen ökologischen Auswirkungen der beworbenen Produkte bewusst zu sein*, sagt sie.

Die *gewaltige Anstrengung*, die nötig war, um Zusammenhänge zu *verstehen* und Puzzleteile zusammenzusetzen, macht Adélaïde wütend: *Wütend darüber, dass die Gesellschaft uns nicht richtig informiert*, sagt sie entrüstet. *Sinn und Zweck unseres Kampfes ist auch, diese Zusammenhänge wiederherzustellen, damit jeder in Kenntnis der Lage handeln kann.*

Indem wir beispielsweise den Leuten klarmachen, dass sie als Verbraucher die Unternehmen durch ihr Konsumverhalten sehr wohl beeinflussen können, stimmt Anuna zu, für die *das Gefühl der moralischen Verantwortung ein starkes Handlungsmotiv ist.*

Aber wollen die Leute ihre Gewohnheiten überhaupt ändern?, fragt Sandrine und wirft damit eine Frage auf: *Wie erreicht man diejenigen, die glauben, sie hätten nichts mit dem Klimawandel zu schaffen? Wir müssen nicht nur die Verbraucher informieren, sondern auch an der Wirkung der Botschaft arbeiten.* Darauf soll im vierten Kapitel ausführlicher eingegangen werden.

DER AMAZONAS-REGENWALD
ALS KIPPPUNKT

Zu den Persönlichkeiten, die unsere vier Gesprächspartnerinnen inspirieren, gehört auch Raoni Metuktire, Häuptling des
Kayapo-Volkes mit einem auffälligen bunten Federkopfschmuck
und beeindruckender Lippenplatte. Raoni ist ein international
bekannter Aktivist, der sich für den Erhalt indigener Siedlungsgebiete und den Schutz des Amazonas-Regenwalds einsetzt und
dessen Auftreten generationenübergreifend – von Leopold III.
über Prinzessin Esmeralda bis zu den jungen Klimaaktivist*innen – großen Eindruck hinterlässt.

*Mein Vater hatte ihn bereits in den 1960er-Jahren bei einer Ex-
pedition in den brasilianischen Bundesstaat Mato Grosso kennengelernt,* erinnert sich Esmeralda. *Die Archivfotos auf der Website
der NGO Instituto Raoni, die das Leben der Indigenen am Rio Xingu mitten im Regenwald dokumentieren, hat tatsächlich mein Vater aufgenommen.* Sie selbst begegnete dem indianischen Häuptling erstmals Ende der 1980er-Jahre, als er mit Unterstützung des
Sängers Sting auf einer internationalen Tour unterwegs war, an
deren Ende er den Schutz der Mekragnotire-Gebiete und die
Vereinigung der indigenen Siedlungsgebiete am Rio Xingu in
Amazonien erreicht hatte.

In einer Zeit, in der die Abholzung des größten Regenwaldes
der Erde immer schneller voranschreitet, überquerte der weise
alte Mann 2019 erneut den Atlantik, um seinen Kampf ein letztes
Mal nach Europa zu tragen. Wie bei seinen acht vorangegangenen Reisen traf er Dutzende von Parlamentarier*innen und Persönlichkeiten, einschließlich dem französischen Präsidenten
Emmanuel Macron, den er aufforderte, sich für den verstärkten
Schutz der indigenen Siedlungsgebiete einzusetzen, die durch
die unersättliche Gier von Forstwirtschaft, Landwirtschaft und
Bergbau bedroht sind. Im Amazonasgebiet haben einige indigene Gruppen sogar zu den Waffen gegriffen.

Auch wenn dieser lokale Widerstand und der weltweite Kampf gegen Klimawandel und Artensterben auf den ersten Blick nicht zusammenhängen mögen, sind sie doch untrennbar miteinander verbunden. Wissenschaftlichen Prognosen zufolge könnte der Amazonas-Regenwald, der gigantische Mengen CO_2 speichert, nämlich bald kippen und sich unter dem anhaltenden Druck von Brandrodung und Abholzung in eine Savanne verwandeln, während das überlieferte Wissen der Amazonas-Ureinwohner*innen notwendigerweise zum Erhalt des Regenwalds beiträgt.

Indigene Völker stellen nur 5 % der Weltbevölkerung, schützen aber 80 % der weltweiten Biodiversität, erklärt Esmeralda. *Sie leben seit Jahrtausenden in perfekter Harmonie mit der Natur, die ihnen Nahrung und Heilmittel bietet, und auf der ihre Kulturen aufbauen. Nicht nur der brasilianische Wissenschaftler Carlos Nobre, der sich durch seine Forschung über die Wechselwirkungen zwischen Abholzung und globaler Erwärmung einen Namen gemacht hat, warnt vor den Gefahren, wenn sich der Amazonas-Regenwald in eine Savanne verwandelt. Bei seiner Arbeit hat er wiederholt festgestellt, dass die ansässigen Gemeinschaften ein großes tradiertes Wissen über klimatische Entwicklungen haben. Sie wissen zum Beispiel um die wichtige Rolle des Regenwaldes als Verdunstungspumpe und beim Recycling von Regenwasser, ohne dass sie diese Mechanismen jemals wissenschaftlich erforscht hätten. Diese wichtigen Aufgaben sind durch Abholzung und Brandrodung bedroht.*

Ganz allgemein gehen indigene Völker sehr nachhaltig mit den natürlichen Ressourcen um. Mit ihrem überlieferten Wissen betreiben sie eine ganzheitliche Landwirtschaft, bei der Ackerböden mit organischen Düngemitteln wieder fruchtbar gemacht werden, Saatgut auf natürliche Weise vermehrt wird oder – wie das Beispiel der Aborigines in Australien zeigt – Brände mit traditionellen Brandtechniken bekämpft werden. Durch die Verbindung ihrer uralten Praktiken mit unseren wissenschaftlichen Erkenntnissen könnten wir viel lernen.

Das war auch die Botschaft, die Raoni den jungen Menschen vermitteln wollte, als er neben Anuna und Adélaïde am 17. Mai 2019 an einem Protestzug in Brüssel teilnahm. An diesem Tag forderten über 600 Demonstrierende konkrete politische Antworten auf die Erderwärmung, die unter anderem durch die Abholzung der Wälder beschleunigt wird. »Euer Kampf ist unser Kampf«, sagte der Stammesführer, der gekommen war, um den stärkeren Schutz des Amazonasbeckens, der grünen Lunge der Welt und Arten-Schatzkammer, zu fordern. Unter den Demonstrierenden war auch der belgische Karikaturist Philippe Geluck, der zustimmend nickte und ein Plakat mit seiner berühmten Katze hochhielt, die beklagte: »Eine Million Arten bedroht durch eine einzige Spezies … Arschlöcher.«

Die Ureinwohner Amazoniens verlieren ihren Lebensraum, ihre Nahrungsquellen, ihr Wasser, ihre Kultur und werden durch immer zerstörerische Industrieprojekte wie den umstrittenen Belo-Monte-Staudamm zurückgedrängt, beklagt Esmeralda in Anspielung auf einen der wichtigsten Kämpfe von Raoni.

Dieses noch von der brasilianischen Militärdiktatur (1964 – 1985) initiierte Megastaudammprojekt steht im Zentrum von sozialen, ökologischen, lokalen wie globalen Auseinandersetzungen. Damit soll der Rio Xingu gestaut werden, ein Nebenfluss des Amazonas und Lebensader für Tausende von Ureinwohner*innen im Norden Brasiliens, die sich jahrzehntelang erbittert gegen das Staudammprojekt gewehrt haben. Auch durch etliche Gerichtsverfahren, die von indigenen Gemeinden und Umweltgruppen angestrengt wurden, konnte der Staudamm nicht verhindert werden. Die brasilianische Regierung hat sich durchgesetzt. Für den 2019 vom ehemaligen Militär und rechtsextremen Präsidenten Jair Bolsonaro eingeweihten Staudamm wurde eine 500 Quadratkilometer große Fläche mitten im Amazonasbecken geflutet. Damit ist er das drittgrößte Wasserkraftwerk der Welt, gilt aber als das am wenigsten effiziente in der Geschichte Brasiliens. Ausgelegt für eine Leistung von 11 000 MW, sprich 11 % des brasilianischen Strombedarfs, produziert es kaum die Hälfte dessen, weil der Fluss in der Trockenzeit zu wenig Wasser führt. Um die Leistung zu erhöhen, müssten weitere Reservoirs angelegt werden, was zur Folge hätte, dass ein noch größeres Gebiet geflutet wird.

Auf der anderen Seite des Globus machten Adélaïde und Anuna gerade ihren Schulabschluss. Ursprünglich wollten die beiden im November 2019 an der COP25 in Chile teilnehmen, doch die Konferenz wurde aufgrund der Unruhen in dem lateinamerikanischen Land nach Madrid verlegt. Also reisten die zwei Aktivistinnen stattdessen ins Herz des Amazonaswaldes, nach Altamira, eine der am stärksten von den Umweltfolgen des Staudamms betroffenen indigenen Gemeinden. *Auf den ersten Blick kann man so ein Projekt nur begrüßen,* erklärt Adélaïde. Schließlich soll das Wasserkraftwerk Millionen Haushalte mit sauberer Energie versorgen, Tausenden Brasilianer*innen Arbeit bringen und abgelegene Gemeinden von Armut befreien. Für die Regierung ist die Entwicklung Brasiliens – der neuntgrößten Volkswirtschaft der Welt – eng damit verknüpft.

Aus Sicht der indigenen Bevölkerung sind die sozialen und ökologischen Auswirkungen von Belo Monte eine unmittelbare Bedrohung ihrer Lebensgrundlagen. *Der Fluss ist jetzt verschmutzt. Die Fischbestände, die wichtig für Ernährung und Handel sind, sind zurückgegangen, und der Verkehr auf dem Fluss, der seit jeher die verschiedenen Dörfer miteinander verband, ist nicht mehr wie früher möglich. Die indigene Bevölkerung hat ihre Unabhängigkeit verloren,* sagt Adélaïde.

Bei einem NGO-Gipfel vor Ort wurde den beiden Anführerinnen von Youth for Climate zudem klar, wie groß der Druck der Agrarindustrie auf die lokale Bevölkerung ist. *Wir mussten uns sehr vorsichtig durch den Wald bewegen. Unsere Gastgeber waren um unsere Sicherheit besorgt, und aus Angst vor Repressalien wollten sie die Presse nicht dabeihaben,* erklärt Adélaïde.

Nach Jahren des verzweifelten Kampfes gegen Belo Monte haben einige indigene Gemeinden schließlich kapituliert, was zu Spannungen zwischen einzelnen Stämmen führte. Ein Großteil der Zehntausende von Menschen wurde im Eiltempo in unfruchtbare Gegenden umgesiedelt, wo sie ihre traditionelle Lebensweise nicht aufrechterhalten konnten. Die Folgen sind steigende Arbeitslosigkeit, Armut, Alkoholismus und erhöhte Selbstmordraten, wie die französische Tageszeitung *Le Monde* 2019 berichtete. Dass die traditionellen Werte und Lebensweisen der indigenen Bevölkerung nicht geschützt wurden, bedrückt Raoni sehr. Zusammen mit dem indigenen Stammesführer Almi Surui hat er beim Internationalen Strafgerichtshof Klage wegen Verbrechen an der Menschlichkeit gegen den brasilianischen Präsidenten eingereicht, den sie beschuldigen, die Ureinwohner des Amazonasgebietes zu verfolgen und ihre Grundrechte zu verletzen. »Die Indigenen, die in der Nähe des Staudamms leben, haben ihn zwar akzeptiert. Aber heute scheint es, dass das Geld, das sie erhalten haben, keine Hilfe war. Einige arbeiten jetzt als Holzfäller, andere schürfen Gold. Dieser Staudamm hätte nie gebaut werden dürfen«, sagte Raoni derselben Zeitung.

Wasserkraft war schon immer problematisch, sagt Sandrine, die lange Jahre im Umweltmanagement des Energiesektors tätig war. *Der Bau von Staudämmen geht häufig mit der Umleitung von Wasserläufen und dem unwiederbringlichen Verlust von Biotopen, Fauna und Flora einher. Die Alarmglocken läuten schon seit 20 oder sogar 30 Jahren. Wasserkraftwerke sind, auch wenn sie grüne Energie erzeugen, nicht immer eine gute Lösung. Jedes Projekt muss einer Umwelt- und Sozialverträglichkeitsprüfung unterzogen werden.*

Die saubere Energie von Belo Monte geht also mit großen Kollateralschäden für die lokale Bevölkerung und die Umwelt einher. Das Beispiel Belo Monte führte Adélaïde und Anuna deutlich vor Augen, wie komplex das Thema Klima- und Artenschutz ist. *Mir wurde klar, dass es bei unserem Kampf nicht nur um CO_2-Reduzierung geht*, sagt Adélaïde. *Wir können uns nicht auf die Reduzierung unseres Energieverbrauchs beschränken. Wir* *müssen auch die ethischen, sozialen und ökologischen Dimensionen berücksichtigen*, fügt sie mit einer Mischung aus Traurigkeit und Wut angesichts des Schicksals der indigenen Bevölkerung hinzu.

Anuna ihrerseits ist sich bewusst, dass der Kampf gegen den Klimawandel untrennbar mit den Menschenrechten verbunden ist. *Da, wo wir uns aus einem Gefühl heraus engagieren, tun es die Indigenen aus existenzieller Notwendigkeit.*

Manchmal sogar auf Kosten des eigenen Lebens, fügt Esmeralda hinzu. Die Zahl der ermordeten Umweltaktivist*innen war noch nie so hoch wie in den letzten Jahren: 2020 waren es weltweit 227 Personen, unter anderem im Amazonasgebiet, die gegen die Abholzung von Wäldern oder gegen große Bergbau- und Agrarprojekte protestierten, so die britische NGO Global Witness.

Selbstredend darf das Recht Brasiliens auf ökonomische Entwicklung nicht infrage gestellt werden, *aber es geht auch anders*, meint Sandrine. Dafür setzen sich auch die Vereinten Nationen in ihrer 2015 verabschiedeten *Agenda 2030* ein, in der 17 Ziele für eine sozial, wirtschaftlich und ökologisch nachhaltige Entwicklung formuliert sind.

Für Adélaïde und Anuna war der Besuch im brasilianischen Amazonaswald, der auch zu Lasten der indigenen Gemeinschaften immer weiter durch Profitgier zerstört wird, ein einschneidendes Erlebnis. Wie Esmeralda und Sandrine viele Jahre zuvor, wurde den beiden jungen Aktivistinnen bewusst, dass soziale und klimatische Ungerechtigkeiten zwei Aspekte ein und desselben Kampfes sind.

PRIVILEGIEN IN UNSEREM KLIMADENKEN

In der Familie De Wever wird beim Essen oft eifrig diskutiert. Durch die gesellschaftskritische Einstellung ihrer Eltern, Soziologin und Stadtplaner, lernt Anuna schon früh, sich ihrer »Pri-

vilegien«, der Vorteile, die sich aus ihrer europäischen Herkunft, ihren Bildungsmöglichkeiten und ihrer sozialen Schicht
ergeben, bewusst zu sein. *Ich wuchs in einem aktivistischen Um-
feld auf, in dem mich meine Eltern immer wieder daran erin-
nerten, wie viel Glück ich habe, weiß und in eine wohlhabende, ge-
bildete Familie hineingeboren zu sein. Als ich jünger war, nahmen
sie mich in Flüchtlingslager in Frankreich mit und ermutigten
mich, mich kritisch mit sozialen Fragen auseinanderzusetzen. Sie
waren es auch, die mich über den Klimawandel aufklärten,* berichtet sie.

Zunächst bestand ihr ökologisches Engagement aus kleinen
Aktionen und guten Vorsätzen, wie bei den meisten, die sich um
die Erderwärmung sorgen. *Aber der eigentliche Auslöser war,* so
Anuna, *dass die Regierungen nichts taten, dass es einen großen
Graben zwischen den Prognosen der Wissenschaft und den politi-
schen Entscheidungen gab.*

Am 2. Dezember 2018 schloss sich die junge Antwerpenerin
zum Auftakt der COP24 in Polen den rund 75 000 Demonstrierenden in Brüssel an, um konkrete politische Maßnahmen zur
Bewältigung der Klimakrise einzufordern.

Die belgische Regierung ignorierte den Ruf der Straße und
verweigerte die Zustimmung zu zwei EU-Richtlinien über Energieeffizienz und erneuerbare Energien, weil keine Einigung auf
föderaler Ebene erzielt werden konnte. *Eine erste Ohrfeige für
uns Demonstrierende,* beklagt Anuna.

Die zweite folgte zwei Wochen später, als sich Belgien bei der
COP weigerte, sich einer Koalition von etwa 30 Ländern anzu-
schließen, die sich für ein schnelleres Tempo im Kampf gegen
den Klimawandel aussprach. Sowohl die Regionen Wallonien
und Brüssel als auch die Föderalregierung hatten ihre Zustimmung gegeben, doch aus Flandern kam ein Veto, das mit zu hohen Kosten begründet wurde.

*Damals hat mir meine Mutter von einem schwedischen Mäd-
chen erzählt, das in Schulstreik getreten ist,* erinnert sich Anuna.

Es war natürlich Greta Thunberg, ein unbekanntes Mädchen mit Babygesicht, das plötzlich zur Ikone einer ganzen Generation im Kampf gegen den Klimawandel werden sollte, weil sie nach einem ungewöhnlich heißen Sommer in Schweden mit 15 Jahren beschlossen hatte, nicht zur Schule zu gehen, sondern sich stattdessen mit einem Protestschild vor das Stockholmer Parlament zu stellen. »Schulstreik fürs Klima«, wie auf ihrem Schild zu lesen war, wurde zur Devise einer weltumspannenden Bewegung. Jeden Freitag, bei Wind und Wetter setzte Greta, die an einer leichten Form von Autismus leidet, ihre Aktion fort. In ihrem gelben Regenmantel saß sie da und wartete. Zunächst erregte sie wenig Aufmerksamkeit. Aber bald wurde sie von Passant*innen und Journalist*innen auf ihre ungewöhnliche Aktion angesprochen. Mit ernster Mine verkündete sie dann ein ums andere Mal, sich nicht fortbewegen zu wollen, bis die schwedischen Abgeordneten die Klimakrise endlich ernst nähmen. Ihre Stimme gewann immer mehr Gewicht; sie wurde zu Konferenzen und schließlich zur COP24 eingeladen, wo sie führenden Politiker*innen aus der ganzen Welt politische Passivität vorwarf trotz der dringenden Appelle aus der Wissenschaft.

Wie die junge Schwedin informierte sich auch Anuna, sah sich Dokumentationen an und las alles, was sie zu diesem Thema finden konnte. Sie vertiefte sich in den IPCC-Bericht zu den Auswirkungen, die bei einer Erderwärmung um +1,5 bis 2 °C zu erwarten sind, und stellte fest, dass die Politiker*innen den Kopf in den Sand steckten. Anfang Januar 2019, inspiriert durch den Mut und die Entschlossenheit von Greta Thunberg, rief sie zusammen mit ihrer Freundin Kyra Gantois in den sozialen Netzwerken zu einem Streik auf. *Für mich war das Bedürfnis, sofort zu handeln, so stark geworden, dass ich nicht mal mehr Angst vor der Häme gehabt hätte, wenn wir nur zu zweit oder zu dritt auf die Straße gegangen wären*, sagt sie.

Der Zulauf der wöchentlichen Jugenddemonstrationen, mit bis zu 35 000 Menschen am 24. Januar 2019, bestärkte Anuna in ihrer Überzeugung, dass der Druck der Straße etwas bewirken und die Politik aus ihrer Passivität reißen kann.

Über soziale Netzwerke nahm sie Kontakt zu Aktivist*innen aus der ganzen Welt auf. Durch diese Gespräche wird sie in ihrem *Gefühl der moralischen Verantwortung* gestärkt, das sie antreibt, zu handeln und nicht die Hände in den Schoß zu legen. *Wir in Europa sind extrem privilegiert und leben in materiellem Überfluss. Es ist aber auch allgemein bekannt, dass der Wohlstand der Industrieländer auf Kosten der Armen erkauft wurde und auch heute noch zu ihren Lasten geht. Wir sollten uns deshalb mal fragen, woher unsere Klamotten kommen, welche Rohstoffe in unseren Smartphones stecken usw. Ihre Herstellung – ob es nun um die Arbeitsbedingungen in südostasiatischen Kleiderfabriken geht oder um den Abbau seltener Erden in Afrika, bei dem Wasser und Böden verschmutzt werden – hat in den Ländern des globalen Südens verheerende soziale und ökologische Folgen, also genau in den Ländern, die ohnehin die Hauptlast des Klimawandels tragen.*

In internationalen Foren wird diese doppelte Bestrafung, die seit Jahren von NGOs und Entwicklungsländern angeprangert wird, unter den Topics »ökologische Schuld der reichen Länder« und »Klimagerechtigkeit« diskutiert.

Der Begriff der ökologischen Schuld, der in der 1990er-Jahren aufkam, bezeichnet die Verantwortung der reichen Industrienationen gegenüber den Ländern des globalen Südens durch die Ausbeutung ihrer natürlichen Ressourcen und der damit zusammenhängenden Umweltschäden oder den Mülltourismus. *Dieses Konzept wird hauptsächlich als Argument für die Verrechnung der Finanzschulden der ärmeren Länder herangezogen*, erklärt Sandrine. *Das Problem ist, dass die Natur nie einen Preis hatte und die Ausbeutung natürlicher Ressourcen lange Zeit als »kostenlose Dreingabe« betrachtet wurde.*

Das Konzept der Klimagerechtigkeit wiederum basiert darauf, dass die reichen Länder ungleich mehr für die Erderwärmung verantwortlich sind als die ärmeren Länder, und auf die ungleiche Verteilung der Geldmittel zum Schutz oder zur Beseitigung der Folgeerscheinungen. Zur Erläuterung dieser Unterschiede wird gerne eine Metapher herangezogen, nach der die gesamte Menschheit im selben Boot sitzt, aber nur einige wenige Zugang zu den Rettungsbooten haben.

Diese faktischen Ungerechtigkeiten sind seit dem Weltgipfel von Rio 1992 anerkannt, der den Beginn der internationalen Klimaverhandlungen markiert.

Die NGO Oxfam hat dazu im September 2020 einen aufschlussreichen Bericht veröffentlicht, in dem die konsumbedingten Emissionen in 117 Ländern zwischen 1990 und 2015 – einem Zeitraum, in dem der weltweite CO_2-Ausstoß um 60 % gestiegen ist – untersucht wurden. Demzufolge sind die reichsten 10 % der Erdbevölkerung (630 Millionen Menschen, vor allem Nordamerika und Europa) verantwortlich für 52 % der CO_2-Emissionen. Im Gegensatz dazu sind die ärmsten 50 % der Weltbevölkerung (3,1 Milliarden Menschen) lediglich für 7 % der CO_2-Emissionen verantwortlich.

Anuna zufolge sollte jeder und jede sich dieser extremen Ungleichheiten bewusst werden und die eigenen Privilegien, sprich die Vorteile, die wir genießen, weil wir auf der richtigen Seite der Globalisierung stehen, hinterfragen. *Sollen wir stolz darauf sein? Oder sollten wir nicht eher gegen ein System vorgehen, das die Ungleichheit verstärkt und den Planeten schwächt? Ich habe meine Entscheidung getroffen*, sagt sie.

In der Welt, in der wir leben, gilt Wohlstand als selbstverständlich, mehrere Autos und Häuser zu besitzen, mit dem Flieger in den Urlaub zu düsen ... Aber sind das wirklich Privilegien? Oder sind es Lügen, die durch Marketing und Werbung transportiert werden, fragt sich Adélaïde, die findet, dass die *wahren Privilegien* genau diejenigen sind, die durch ungebremsten, ostentativen Konsum bedroht werden, wie etwa *der Zugang zu sauberem Wasser, sauberer Luft oder gesunder Nahrung.*

Auch die Bereitschaft, sich für das Klima zu engagieren, trägt eine gewisse Ungleichheit in sich. *Wir können einen Schulstreik organisieren, weil wir Zugang zu Bildung haben. Für uns ist das der wirksamste Weg, um uns Gehör zu verschaffen und für all jene zu sprechen, die es nicht können,* sagt Adélaïde.

Wie der kamerunische Wirtschaftswissenschaftler und Professor an der Katholischen Universität von Löwen, Thierry Amougou, erklärt, ist »das Privileg des Klimadenkens und der Klimamobilisierung ungleich zwischen Nord- und Südhalbkugel verteilt. Es setzt voraus, dass wir von den Zwängen des Alltags befreit sind.« Wie kann sich die Mobilisierung auf die Länder des Südens übertragen, »wenn die jungen Leute dort befürchten müssen, hungrig schlafen zu gehen, kein sauberes Trinkwasser zu haben, nicht zur Schule gehen oder für sich selbst sorgen zu können oder als Kindersoldaten rekrutiert zu werden«?

In diesen Regionen werden Umweltforderungen im Wesentlichen von indigenen Gemeinschaften oder Kleinbauern und Kleinbäuerinnen erhoben, die für den Schutz vor einem kapitalistischen System und den Erhalt ihrer Lebensweise kämpfen.

KEINE VOREILIGEN SCHLÜSSE

Sandrine wuchs in den 1970er-Jahren im von Gegenkultur und Ablehnung der Konsumgesellschaft geprägten Kalifornien auf, wohin ihr Vater, ein Krebsforscher, mit seiner Familie übergesiedelt war, als sie vier Jahre alt war.

1973, als sie gerade sieben Jahre alt war, setzte die erste Ölkrise einer rund 30 Jahre dauernden wirtschaftlichen Wachstumsphase ein Ende, die die vom Öl abhängigen westlichen Volkswirtschaften mit voller Wucht traf. Arbeitslosigkeit und Lebenshaltungskosten explodierten. *Ich erinnere mich, dass es in Kalifornien aufgrund von Rationierungsmaßnahmen zu langen Schlangen an den Tankstellen kam,* erzählt sie. Einige Jahre später litt der Golden State unter einer extremen Dürre, gefolgt von anhaltender

Wasserknappheit. In Werbekampagnen wurden die Menschen zum sparsamen Umgang mit Wasser angehalten. *Zusammen mit dem Freund duschen, die Toilette nicht spülen ... Das wurde zwar humorvoll rübergebracht, aber die Situation war sehr ernst.*

Für die kluge Strategin, die sich mit heiklen Verhandlungen zu Klimafragen bestens auskennt, führten diese Erfahrungen zu einer Erkenntnis: *Die Ressourcen des Planeten sind nicht unbegrenzt,* bekräftigt Sandrine ungeachtet der hitzigen Debatten, die dieses Thema seit Langem nach sich zieht.

Ihre Zeit in den USA, die von Protestreden, Rassenunterschieden und Demonstrationen gegen den Vietnamkrieg geprägt waren, bewirkte in ihr, die von den *Weißen* bestimmten Machtverhältnisse und ihren konsumorientierten Lebensstil zu hinterfragen, den sie in die ganze Welt exportieren, die immer weiter zerstört wird. So entwickelte sich auch ihr Bewusstsein für den »systemischen« Aspekt der Krisen, die ihrer Meinung nach untrennbar mit *dieser von Machthunger und Gier geleiteten westlichen Weltauffassung verbunden sind.*

Schon als Kind hatte ich den Eindruck, dass auf der Welt etwas schiefläuft. Ihre erste Kampagne organisierte sie mit zwölf Jahren. Damals wurden die Produkte in einigen Supermärkten mit Angaben zu Herkunft sowie sozialen und ökologischen Auswirkungen auf der Verpackung versehen. Ein Blick auf eine Dose Thunfisch reichte, um zu erfahren, dass der Thunfischfang auch für viele Delfine tödlich war, weil sich die Tiere in den Treibnetzen verfingen. Das inspirierte mich zu einer Schulkampagne, und von diesem Moment wusste ich, dass ich Aktivistin werden würde, erzählt sie.

Wie Esmeralda, Anuna und Adélaïde glaubt auch Sandrine an die Macht der vielen, an die Kraft gesellschaftlicher Bewegungen gegen Ungerechtigkeiten. 1985 setzte sie sich als Studentin in der großen Oppositionsbewegung an US-Universitäten gegen die Apartheid in Südafrika ein. *Die Wirkung dieser Demos bestärkten mich in meiner Überzeugung, dass die Stimme der Jugend wichtig ist. Die Klimamärsche heute sind ein weiterer Beweis dafür.*

Ende der 1980er-Jahre kehrte Sandrine nach Belgien zurück. Nach ihrem Abschluss in internationalen Beziehungen begann sie ein Praktikum bei der Europäischen Kommission im damals asbestverseuchten Berlaymont-Gebäude. *Ich wusste Bescheid über die gesundheitlichen Risiken, weil mein Vater als Leiter des Instituts für Umwelt, Gesundheit und Sicherheit an der Stanford University in Kalifornien mit Asbest zu tun hatte. Mit ein paar anderen Mitarbeitenden schlug sie Alarm, der einige Jahre später zur Räumung des Gebäudes führte. Durch diese Erfahrung wurde mir klar, dass ich im Umweltsektor arbeiten wollte.*

Durch ihre Arbeit bei der Global Legislators' Organisation for a Balanced Environment (GLOBE) unter dem Vorsitz des damaligen US-Senators Al Gore lernte Sandrine die Abläufe internationaler Verhandlungen kennen. *Das war ein wichtiger Karriereschritt, bei dem ich gelernt habe, im Team zu arbeiten, vertrauensvolle Beziehungen aufzubauen, Kompromisse zwischen Ländern mit unterschiedlichen Interessen in Umweltfragen, wie zur Ozonschicht, Umweltverschmutzung und Erderwärmung, zu erzielen. Letztlich ist daraus eine Lebensaufgabe geworden.*

Nach ihrem Master in Umweltwissenschaften arbeitete sie im Bereich der Bodensanierung und anschließend als Beraterin für die Chemie-, Öl-, Gas- und Atomindustrie. Als eine der wenigen Frauen in diesem von Männern dominierten Sektor war sie über 15 Jahre lang für die Einrichtung von Umweltmanagementsystemen verantwortlich. *Man darf nie voreilige Schlüsse ziehen,* warnt sie. *Es ist ein weitverbreiteter Irrglaube, dass NGOs und Umweltschützer auf der einen Seite und die Wirtschaft auf der anderen in bestimmte Richtungen denken. Das ist nicht immer der Fall. In jedem Bereich gibt es Helden und Heldinnen, Menschen, die Dinge von innen heraus verändern wollen, auch in der Schwerindustrie.*

Über rein ökologische Erwägungen hinaus geht es auch um den Respekt vor Menschen. Heute spreche ich nicht mehr von Ökologie, sondern von Humanismus. Denn durch die Zerstörung unseres

Planeten setzen wir unser eigenes Überleben aufs Spiel. Ich erinnere mich an eine Mission im Kernkraftwerk Tihange, in dem sich die verschiedenen Managementebenen überhaupt nicht einig waren. Ich hatte eine Präsentation über Good Practices im Umweltmanagement vorbereitet, warf aber in letzter Minute alles über den Haufen und konzentrierte meinen Vortrag auf das Thema Respekt. Denn wenn wir uns selbst und andere nicht respektieren, wie können wir dann unsere Umwelt respektieren? Wir hatten sogar Besuch von Vertreter*innen aus Tschernobyl, die ihrerseits alles andere als Respekt erfahren hatten. Wir bekamen sogar Besuch von Vertretern aus Tschernobyl, die alles andere als respektvoll waren!

Daneben war Sandrine als Beraterin für Umweltfragen für die Europäische Kommission tätig. *In mancherlei Hinsicht ist unsere Umwelt heute sauberer als vor 30, 50 Jahren, auch wenn es noch viel zu tun gibt. Damals war die Luft in den Großstädten viel schmutziger als die Luft, die wir heute atmen, vor allem in Westeuropa. In den USA waren einige Flüsse genauso verschmutzt wie heute in China. Und in Europa waren wir, was die Umweltstandards angeht, bei null, während wir heute über ein modernes Arsenal von Gesetzen verfügen. Innerhalb von zehn Jahren konnten wir beispielsweise den Schwefelanteil fossiler Brennstoffe, eine der Hauptursachen für Umweltverschmutzung und Gesundheitsgefährdung, drastisch reduzieren.*

Dennoch bleibt die Luftverschmutzung weltweit ein großes Problem. Nach Angaben der Weltgesundheitsorganisation (WHO) sterben jedes Jahr etwa sieben Millionen Menschen an den Folgen von Luftverschmutzung durch Holz- und Kohleverbrennung, Verkehrsabgase, Industrie und Waldbrände, die meisten davon in China und Südostasien.

In den Entwicklungsländern werden immer mehr Anstrengungen zur Bekämpfung der Luft-, Wasser- und Bodenverschmutzung unternommen, die in sozialer und ökonomischer Hinsicht einen hohen Preis haben. In China beispielsweise bringt die Luftver-

schmutzung, hauptsächlich durch Kohlekraftwerke, immer mehr Menschen auf, sagt Sandrine.

Mit über 400 000 Todesfällen pro Jahr liegt Europa nicht weit dahinter, legt Esmeralda nach. *Im Dezember 2020 gab es in London dazu ein sensationelles Gerichtsurteil, in dem zum ersten Mal die Rolle der Luftverschmutzung am Tod eines 9-jährigen Mädchens anerkannt wurde.*

Seit 2010 hat sich Sandrine der Energiewende verschrieben. Bald darauf wurde sie Direktorin der Prince of Wales' Corporate Leaders Group, bevor sie die Europäische Kommission in Forschungs- und Innovationsfragen zur Wirtschafts- und Energiewende beriet.

Seit 2018 ist die Mittfünfzigerin Co-Präsidentin des Club of Rome, der den Bericht *Die Grenzen des Wachstums* in Auftrag gegeben hatte, und führt seine Traditionen engagiert weiter. *Es vergeht kein Tag, an dem ich nicht zwischen Hoffnung und Verzweiflung schwanke,* sagt sie. *Der systemische Wandel, der notwendig ist, um den Klimawandel und das Artensterben einzudämmen, ist eine enorme Herausforderung. In den vergangenen 50 Jahren haben wir uns nur ansatzweise damit beschäftigt.*

Pragmatisch räumt sie ein, dass zwar erhebliche Fortschritte bei der Bekämpfung der Umweltverschmutzung erreicht wurden, die Bemühungen in Bezug auf Klimawandel und Artensterben aber nicht weit genug gingen.

In den 1990er-Jahren war uns noch nicht klar, wie dringend das Problem ist. Unsere Prioritäten lagen auf der Bekämpfung der chemischen Verschmutzung von Wasser, Luft und Boden, der Vermeidung und Bewältigung von Industrieunfällen wie der Nuklearkatastrophe von Tschernobyl. Bei der Klimafrage haben wir aufgrund *der Komplexität der Herausforderung lange nach Kompromissen gesucht, während die jüngere Generation hier viel radikaler auftritt.* In diesem Sinne *ist die Beharrlichkeit und Konsequenz einiger Aktivist*innen wie Greta Thunberg eine echte Lehrstunde für uns, die wir seit Jahrzehnten kämpfen. Für mich sind die*

Stimmen von Greta, Adélaïde, Anuna und all den anderen jungen *Frauen ein letzter Weckruf. Die Lage ist so kritisch geworden, dass wir uns nicht länger mit Kompromisslösungen aufhalten können.*

Wie der Bericht des Weltklimarats von 2018 zeigt, hängen Hunderte Millionen Menschenleben von jedem halben zusätzlichem Grad ab, das wir verursachen oder vermeiden können. *Wir haben die Mittel, resilienter zu werden und unsere Klimabelastung zu verringern. Der Wandel muss sofort erfolgen. Es ist an der Zeit, vom »Egosystem« zum Ökosystem überzugehen und zu zeigen, dass wir als menschliche Wesen in der Lage sind, unseren Egoismus zu überwinden, um unser gemeinsames Haus zu bewahren.*

ÄNDERN WIR DAS SYSTEM, NICHT DAS KLIMA

Die Schulstreiks und andere zivilgesellschaftliche Klimainitiativen des Jahres 2019 haben gezeigt, dass große Teile der Bevölkerung bereit für Veränderungen zu sein scheinen und diese auch einfordern. *Es gibt ein wachsendes Bewusstsein dafür, dass der Mensch dem Klima schadet, ohne die Folgen kontrollieren zu können, und dass wir, wenn wir unser Gesellschaftsmodell und unsere Konsumgewohnheiten nicht ändern, geradewegs in den Abgrund rasen*, sagt Adélaïde.

Die Zehntausende von Jugendlichen, die – sensibilisiert durch Eltern, Freunde oder soziale Netzwerke – für die Umwelt auf die Straße gehen, haben begriffen, dass der Klimawandel unaufhaltsam voranschreitet und dass das Thema weit über das individuelle ökologische Handeln hinausgeht.

Ihre Anliegen, die sie auf Plakaten hochhielten und in systemkritischen Slogans skandierten, sind dennoch nicht neu. Sie wurzeln, wie im ersten Kapitel bereits dargestellt, in dem ökologischen Bewusstsein, das sich in den 1960er- und frühen 1970er-Jahren gebildet hatte. Auch damals waren die Sorgen um die Umwelt groß, konzentrierten sich aber auf die Verschmutzung von Gewässern, Luft und Boden. Davon zeugen beispielsweise die Demonstrationen zur Einführung des Earth Day am 22. April 1970 in den USA, an denen Millionen von Amerikanern teilnahmen, während in Europa Umweltthemen in den Eurobarometer-Umfragen immer relevanter wurden.

Auch wenn der Aktivismus von heute auf dieser Tradition aufbaut und die Organisationsformen älterer Generationen übernommen hat, so steht er doch in einem ganz anderen Kontext. Die Herausforderungen sind nicht mehr nur ökologischer Art. Die jungen Menschen haben mehrere Krisen geerbt: Klimawandel und Artensterben, aber auch die zunehmende Ungleichheit zwischen armen und reichen Ländern, zu denen sich auch Gesundheitsrisiken gesellen.

Die Brüsseler Schülerdemos, denen sich viele Arbeitende, Forschende, Großeltern, Gewerkschafts- und NGO-Vertreter*innen angeschlossen haben, brachten generationenübergreifend Menschen und Organisationen zusammen, die nicht nur Maßnahmen einforderten, die der Dringlichkeit der Herausforderung gerecht werden, sondern auch das einseitige Festhalten am dominierenden Wirtschafts- und Politikmodell anprangerten. »Ändern wir das System, nicht das Klima!«, skandierten die Demonstrierenden unisono.

Auch die drei großen belgischen Gewerkschaften FGTB, CSC und CGSLB haben sich an den Kundgebungen beteiligt, weil sie sehr genau wissen, dass der Klimawandel auch soziale und ökonomische Ungerechtigkeit zur Folge hat und dass das Schicksal von Arbeitern und Arbeiterinnen von einem »gerechten Übergang« abhängen wird. Darauf werden wir im nächsten Kapitel ausführlicher eingehen.

Für Anuna und Adélaïde war die Organisation der Protestmärsche eine Art »Learning by doing«, wobei sie auf die Erfahrungen der älteren Generationen, aber auch von anderen jungen Aktivist*innen rund um den Globus zurückgreifen konnten. *Wenn man sich intensiv genug mit diesem Thema beschäftigt, wird* *einem klar, dass man das ganze System infrage stellen muss*, sagt Adélaïde.

Unser auf ständiges Wachstum ausgerichtetes Wirtschafts-modell hat einen verheerenden Preis für die Natur und führt gera-dewegs in eine Sackgasse. Der Klimawandel ist nicht nur ein The-ma für die Wissenschaft und militante Ökos. Er geht uns alle an, stimmt Sandrine zu. *Wir müssen begreifen, dass wir nicht dafür kämpfen, den Planeten zu retten – der wird überleben –, sondern für den Erhalt unserer Lebensbedingungen auf der Erde.*

HOFFNUNG ALS TREIBENDE KRAFT

Die Schülerstreiks des Jahres 2019 haben zwar das Bewusstsein geschärft und den Klimawandel in den Vordergrund der öffent-lichen Debatte gerückt. Aber sie haben nicht zu einer grund-legenden Neuausrichtung des politischen Handelns geführt. Ein von den Demonstrierenden gefordertes Klimagesetz wurde vom belgischen Parlament nicht verabschiedet, und so ist Belgien weit davon entfernt, seine Verpflichtungen zur Erreichung des 1,5-Grad-Ziels zu erfüllen.

Enttäuschung gehört zum Aktivismus dazu, räumt Adélaïde ein. Weil der Wandels nur schleppend vorangeht, *machen wir alle schwierige Phasen durch. Aber wir dürfen die Hoffnung nicht verlieren. Wenn ich höre, dass sehr viele Aktivist*innen ihr ganzes Leben gegen Ungerechtigkeiten kämpfen, wie der indigene Stam-mesführer Raoni, denke ich mir: Ich bin ja erst 19, und da wäre es traurig, jetzt schon aufzugeben. Es wird immer viele Hürden und Rückschläge geben, aber eben auch Erfolge.*

Wie Antigone, Tochter des Ödipus, die sich gegen die Grau-samkeiten ihres Onkels König Kreon zur Wehr setzt, denkt auch Adélaïde nicht ans Aufgeben.

Die Geschichte hat mir meine Mutter immer erzählt, weil ich sie so mochte, denn sie hat mir gezeigt, dass man Nein sagen kann, dass man sich gegen Ungerechtigkeit wehren kann, auch wenn sie uns auferlegt ist. Nur weil man etwas immer auf eine bestimmte Art gemacht hat, bedeutet es nicht, dass wir es nicht hinterfragen können.

Für ihre flämische Mitstreiterin Anuna ist es wichtig, Enttäuschung nicht mit Entmutigung zu verwechseln. Natürlich habe sie Momente der Resignation erlebt, *aber die dauerten nie länger als ein paar Stunden*, erklärt sie. *Die Bewegung einzustellen ist keine Option, weil es keine Alternative gibt.* Die Zeit wird knapp. *Es ist mir nie in den Sinn gekommen, eine Pause zu machen, denn wenn wir nichts tun und die Erderwärmung auf 4 °C oder 5 °C steigt, weiß ich, dass wir keine Zukunft mehr auf dieser Welt haben.*

Die Antwerpenerin gehört nicht zu den Fantasten und Utopisten, die mit Optimismus von einer besseren Welt träumen. *Ich bin keine Optimistin. Wir werden immer mehr Hitzewellen, Dürreperioden, Überschwemmungen und menschliche Tragödien erleben ... Die Leute realisieren es nicht. Aber ich hoffe, dass wir die Schäden begrenzen können. Dafür setze ich mich ein. Ich bin überzeugt, dass unsere Aktionen von heute den Lauf der Dinge langfristig beeinflussen können,* fügt die junge Frau hinzu, für die die gute Sache, für die sie kämpft, viel wichtiger ist als die Rückschläge, die jede*r Aktivist*in einstecken muss. *Das gehört dazu. Wir engagieren uns, weil wir etwas verändern wollen.*

Angesichts der Dringlichkeit der Aufgaben und auch des Widerstands, auf den sie immer wieder stoßen, schwanken Esmeralda und Sandrine zwischen Hoffnung und Angst.

Beide klammern sich an die Geschichte, an jene Frauen und Männer, die gezeigt haben, dass der Aufbau einer anderen Welt möglich ist, wie Nelson Mandela, Martin Luther King, John F. Kennedy oder die ehemalige norwegische Premierministerin Gro Harlem Brundtland, die den Begriff der nachhaltigen Entwicklung definiert hat, und viele mehr.

Neben diesen Persönlichkeiten *gibt es aber auch greifbare gesetzgeberische Fortschritte, die beweisen, dass wir etwas bewegen* können. *Auch wenn wir wissen, dass wir die Gletscher nicht wieder aufbauen oder den Amazonaswald nicht wieder komplett aufforsten können, so können wir doch so viel Resilienz entwickeln, um eine Harmonie zwischen Mensch und Planet zu erreichen*, sagt Sandrine, für die die Fortschritte im Kampf gegen die Umweltverschmutzung in den letzten 30 Jahren ein ermutigendes Beispiel sind.

FRAUENPOWER IM KLIMAKAMPF

Greta Thunberg in Schweden, Adélaïde und Anuna in Belgien, Luisa Neubauer in Deutschland, Camille Étienne in Frankreich, Vanessa Nakate in Uganda, Helena Gualinga in Ecuador, Licypriya Kangujam in Indien oder Alexandria Villaseñor in den USA. Es gibt zahlreiche junge Frauen an der Spitze der »Klimageneration«. Wie lässt sich diese starke weibliche Präsenz an vorderster Front erklären? Welches sind die Gründe, die Frauen in die Klimabewegung führt, die doch von so vielen Männern getragen wird?

Für Anuna ist es eine Frage der Rollenverteilung und Werte. *Vermutlich liegt es an ihren gesellschaftlichen Rollen, weshalb Frauen sich in der Klimapolitik mehr Gehör verschaffen. Im Kampf gegen den Klimawandel geht es auch darum, Geschwindigkeit, Wettbewerb, das Anhäufen von Macht und Besitz – Werte, die eher als männlich gelten – zu hinterfragen und mehr Emotion, Empathie, Einfühlungsvermögen, Respekt für andere und die Natur – vermeintlich weibliche Eigenschaften – zu zeigen.*

Adélaïde ihrerseits lehnt geschlechtsspezifische Unterscheidungen ab. *Es gibt keine Gender-Unterschiede. Es gibt weder ein besonders männliches oder besonders weibliches Thema*, sagt sie kategorisch. *Warum übernehmen Frauen die Führung? Weil sie sich im Allgemeinen viel seltener Gehör verschaffen als Männer*, sagt sie. *Ich habe das Gefühl, dass es für uns einfacher ist, unsere Forderungen auf die Straße zu bringen als in die politischen Institutionen, wo Frauen nicht ausreichend vertreten sind.*

So wurden im Jahr 2020 nur etwa 20 der fast 200 Staaten der Erde von Frauen gelenkt. Auch in den EU-Ländern ist die Beteiligung von Frauen an politischen Entscheidungsprozessen weit von der angestrebten Parität der EU entfernt. Nach Angaben der Robert-Schuman-Stiftung besetzten Frauen im Oktober 2020 durchschnittlich ein Drittel der Posten in Ministerien und Parlamenten. In Belgien ist die derzeitige föderale Regierung die erste in der Geschichte, die eine Geschlechterparität auf dieser Machtebene erreicht.

Für Sandrine lässt sich das Engagement vieler Frauen gegen den Klimawandel und für eine nachhaltige Entwicklung auf mehrere Faktoren zurückführen. *Historisch betrachtet waren Frauen oft für den Zusammenhalt einer Gemeinschaft verantwortlich. Außerdem schenken sie Leben, was sie wahrscheinlich sensibler für den Schutz der Nachkommen macht. In den ländlichen Regionen des globalen Südens sind es die Frauen, die für die Beschaffung von Nahrung und Wasser zuständig sind. Dadurch werden sie auch unmittelbarer mit den Folgen des Klimawandels konfrontiert,* erklärt sie. *Ganz allgemein denke ich, dass Frauen einen Beschützerinstinkt haben, der sich mehr auf das Kollektiv als auf das Individuum konzentriert.*

Esmeralda teilt diese Einschätzung. Sie ist außerdem der Meinung, dass *Frauen auch eine größere Neigung dazu haben, Emotionen zu zeigen. Das hat man insbesondere bei der neuseeländischen Premierministerin Jacinda Ardern gesehen, die bei der Bewältigung der Corona-Pandemie wie selbstverständlich »aus dem Herzen« gesprochen hat.* Durch frühzeitige Interventionen schon bei den ersten in Neuseeland diagnostizierten Corona-Fällen ist es ihrer Administration deshalb auch schnell gelungen, die Pandemie unter Kontrolle zu bringen.

Nach der ersten Corona-Welle, die einige als Vorboten weiterer, wiederkehrender negativer Folgen des Klimawandels sahen, war in zahlreichen Medienberichten zu lesen, dass die Pandemie in Ländern, die von Frauen geführt werden, wie Neuseeland,

Island, Taiwan, Finnland oder Dänemark, besser gemanagt werden konnte. *In diesen Ländern haben die regierenden Frauen schneller reagiert, um die Menschen zu schützen, und nicht abgewartet, wie es andere Staaten getan haben*, sagt Sandrine.

Sind Frauen in Krisenzeiten bessere Führungskräfte? So undifferenziert die Frage ist, so ist sie doch einen Gedanken wert. *Im Allgemeinen sind die Staaten, die am besten durch die erste Welle der Krise gekommen sind, besonders weit bei der Umsetzung von Nachhaltigkeitszielen vorangekommen. Dazu gehören Ziele wie Geschlechtergleichstellung und die Teilnahme an Entscheidungsprozessen. Das hat diese Länder widerstandsfähiger gemacht*, sagt Sandrine. *Die Herausforderungen des Klimawandels für Gesundheit, Umwelt, Wirtschaft usw. erfordern einen Führungsstil, der auf Resilienz, Gleichberechtigung, Zuhören, gegenseitiger Hilfe und Kooperation beruht – und nicht auf Machtkämpfen und Ego-Kriegen.*

Genau darauf kommt es beim anstehenden Transformationsprozess und bei der langfristigen Krisenfestigkeit unserer Gesellschaften an.

KAPITEL 3

Der Blick aufs Wesentliche

Die vor fünfzig Jahren vom Club of Rome erhobene Forderung nach einem Kurswechsel findet im Zeitalter des Anthropozäns zunehmenden Zuspruch.

Der Begriff Anthropozän wurde erstmals von dem Niederländer Paul Crutzen geprägt, der 1995 Nobelpreisträger für Chemie war. Er bezeichnet eine neue Epoche in der Erdgeschichte, in der der Mensch die Hauptursache für Umweltveränderungen ist. Der Zeitpunkt des Beginns ist noch umstritten, aber die meisten Geolog*innen sind sich einig, dass er in den 1950er-Jahren lag. Demnach haben wir das Holozän verlassen, das seit etwa 10 000 Jahren durch günstige Bedingungen für menschliches Leben gekennzeichnet war, und sind in das Anthropozän eingetreten.

Erderwärmung, Raubbau an den natürlichen Ressourcen, Rückgang der biologischen Vielfalt, immer häufiger auftretende Epidemien… *Wir erleben immer häufiger Krisen, die durch menschliche Aktivitäten verursacht werden. Maßnahmen sind erforderlich, solange noch Zeit ist. Unsere Entwicklung, die auf dem Wettlauf um Wachstum und Überkonsum in einer endlichen Welt beruht, ist auf lange Sicht nicht nachhaltig. Unser Planet wird wahrscheinlich nicht in der Lage sein, das derzeitige Wirtschafts- und Bevölkerungswachstum über das Jahr 2100 hinaus zu tragen, selbst mit den fortschrittlichsten Technologien,* erklärt Sandrine.

Angesichts des Klimanotstands haben die IPCC-Experten aufgezeigt, dass uns etwa ein Jahrzehnt bleibt, um unsere Produktions- und Konsummuster grundlegend zu ändern, um die notwendige Kohlenstoffneutralität zu erreichen und mögliche menschliche Katastrophen zu vermeiden.

Diese Warnung betrifft auch die biologische Vielfalt. Nach Angaben der Intergovernmental Science-Policy Platform on Biodiversity and Ecosystem Services (IPBES) – dem Biodiversitäts-Äquivalent des IPCC – ist die weltweite Wildtierpopulation in den letzten 40 Jahren um 60 % zurückgegangen und eine Million der weltweit acht Millionen Tier- und Pflanzenarten sind aktuell vom Aussterben bedroht.

Der neoliberale Kapitalismus hat uns in eine ökologische Katastrophe geführt, meint Esmeralda. *Und er hat die weltweite Ungerechtigkeit verstärkt. Heute besitzt 1 % der Bevölkerung 50 % des weltweiten Reichtums. Diese Situation ist nicht nur inakzeptabel, sondern auch gefährlich. Dennoch zielt das Wirtschaftssystem weiterhin auf Wachstum durch Rohstoffabbau, Produktion und Konsum ab. Aber die Ressourcen unseres Planeten sind nicht unbegrenzt, wir stehen vor einer Sackgasse. Dieses Modell hat sich überholt. Wir müssen neue Gesellschafts- und Wirtschaftsstrukturen finden, die mit unserer Welt des 21. Jahrhunderts vereinbar sind.*

Und genau das fordert die junge Generation auf allen Erdteilen: »Ändert das System, nicht das Klima.«

Alle Lösungen liegen auf dem Tisch, sagt Sandrine, die die Europäische Kommission in Sachen Forschung und Innovation für den Energie- und Wirtschaftswandel berät. *Durch den Wirtschaftsaufschwung nach Covid-19 könnten wir bei der Umstellung auf kohlenstoffarme Technologien sogar bis zu zehn Jahren Zeit gewinnen.*

WAS KÖNNEN WIR AUS COVID-19 LERNEN?

Im Jahr 2020 erschütterte die durch die Covid-19-Pandemie ausgelöste Gesundheitskrise unsere Gesellschaften zutiefst und machte deutlich, dass viele Staaten auf solche Situationen schlecht vorbereitet waren. Parallelen zur globalen Erwärmung sind nicht zu übersehen.

In beiden Fällen *haben uns die Wissenschaftler seit Jahrzehnten gewarnt*, sagt Esmeralda. *Sie haben vor einer Pandemie gewarnt, genauso wie sie vor dem Klimawandel und dem Zusammenbruch der Ökosysteme warnen. Dennoch treffen die Regierungen keine Vorbereitungen.*

Die IPBES-Expert*innen sind sich darüber einig, dass diese Krisen letztlich die gleichen Wurzeln haben. »Die Ursache der Covid-19-Pandemie oder anderer moderner Pandemien ist kein Geheimnis«, betonen sie in ihrem Workshop-Bericht zu Biodiversität und Pandemien, der im Oktober 2020 veröffentlicht wurde. »Es sind dieselben menschlichen Aktivitäten, die den Klimawandel, den Verlust der Artenvielfalt und – durch die Auswirkungen auf die Umwelt – das Risiko von Pandemien erhöhen. Die veränderte Landnutzung, die Ausdehnung und Intensivierung der Landwirtschaft sowie der nicht nachhaltige Handel, die Produktion und der Konsum führen zu Störungen natürlicher Abläufe und zu vermehrtem Kontakt zwischen Wildtieren, Nutztieren, Krankheitserregern und Menschen. Dies ist ein Weg, der geradewegs in die Pandemie führt.«

Der Grund für diese bedrohliche Situation ist, dass der Mensch sich für allmächtig hält, sagt Sandrine. *Wir müssen uns eingestehen, dass die zahlreichen aktuellen Krisen eine direkte Folge unseres Lebensstils sind. Wir müssen aufhören zu glauben, dass wir unseren Wohlstand unbegrenzt steigern können, ohne die Grenzen des Planeten und die Kapazität der Ökosysteme zu berücksichtigen.*

Im Zeitalter des Anthropozäns stehen wir aufgrund unserer eigenen Selbstbezogenheit vor einer Wand. Papst Franziskus hat dies in seiner Enzyklika Laudato si! *von 2015 treffend als »Anthropozentrismus« bezeichnet. Wir haben zugelassen, dass Egoismus, Geld und Machtgier unser Leben bestimmen und unsere Träume beflügeln, auf Kosten von Werten wie Solidarität und Zusammen-*

arbeit, die uns ja als Menschen auszeichnen. Wir Menschen haben die globale Erwärmung, das massenhafte Aussterben von Tier- und Pflanzenarten sowie Pandemien verursacht. Der Mensch ist zu seinem eigenen Feind geworden. Je eher wir das erkennen, desto eher können wir reagieren und Strategien finden, um die Grenzen unseres Planeten zu respektieren, fügt sie hinzu.

Innerhalb eines Jahres sind an Covid-19-Pandemie weltweit über zwei Millionen Menschen gestorben, und die Hälfte der Menschheit war zeitweise buchstäblich eingekerkert. Esmeralda fährt fort: *Dieses Virus, das sich wahrscheinlich von China aus über die ganze Welt verbreitete, hat uns gezeigt, dass alle Menschen gleichermaßen verwundbar sind.*

Die Pandemie hat uns gezeigt, dass wir alle miteinander verbunden sind und dass Lösungen für Epidemien oder den Klimawandel nur gemeinsam gefunden werden können, indem wir Wissen und Technologie miteinander teilen.

Die Corona-Krise hat nicht nur unsere durch jahrelange Sparmaßnahmen geschwächten Gesundheitssysteme in Mitleidenschaft gezogen, sondern auch die Wirtschaft. Das Gemeinwohl und die Notwendigkeit, dass jeder Zugang zu Gesundheitsversorgung, gesunder Ernährung, Wohnraum, Grünflächen usw. hat, sind wieder in den Vordergrund gerückt. Wir machen uns mehr Sorgen um unsere Angehörigen, ihre Gesundheit, ihre Lebensbedingungen usw. Überall sind Solidaritätsinitiativen für die Schwächsten entstanden. Und unser Verhalten in Bezug auf die Mobilität und die Verwendung heimischer Lebensmittel hat sich erheblich verändert, sagt Sandrine. *Wir sehen also, dass wir schnelle Veränderungen herbeiführen können. Das zeigt doch, dass ein Wandel möglich ist.*

Viele Bürgerinnen und Bürger haben verstanden, dass ein Zusammenhang zwischen der menschlichen Gesundheit und der Zerstörung der Ökosysteme besteht, und dass die Natur für unser körperliches und geistiges Wohlbefinden wichtig ist, führt Esmeralda aus.

Die Krise hat gezeigt, wie dringend wir eine gerechtere und widerstandsfähigere Gesellschaft brauchen. Eine Gesellschaft, die Krisen verkraften kann, die die Schwächsten am härtesten treffen. In Europa haben teilweiser oder vollständiger Lockdown Millionen von Menschen in die Armut getrieben. *In den USA sind drei Viertel der Todesfälle durch Coronaviren in Schwarzen und lateinamerikanischen Communitys zu verzeichnen. Der ärmste Teil der Bevölkerung ist am stärksten betroffen. Ebenso haben die ärmsten Länder und Menschen unter dem Klimawandel am stärksten zu leiden,* sagt Sandrine.

Hitzewellen, Dürren, Überschwemmungen, neu auftretende Krankheiten... Mit solchen Krisen werden wir in Zukunft häufiger konfrontiert sein, und sie werden dazu beitragen, dass sich die bestehenden sozialen Ungleichheiten in Bezug auf Alter, Wohnort, sozioökonomischen Status usw. verstärken. Die Lebensbedingungen von Hunderten von Millionen Menschen werden sich verschlechtern.

Das hat auch die Weltbank in einem Bericht aus dem Oktober 2020 formuliert. *Erstmals seit mehr als 20 Jahren ist zu erwarten, dass die Rate der extremen Armut in der Welt ansteigt,* heißt es in dem Bericht. *Die Armutsbekämpfung, die bereits durch Kriege, Konflikte und die Erderwärmung behindert wird, wird durch die Pandemie weiter erschwert.*

Indem die Corona-Pandemie den Zusammenhang zwischen ökologischen, wirtschaftlichen und sozialen Risiken aufzeigt, zwingt sie uns zum Nachdenken. In was für einer Welt wollen wir morgen leben? Wollen wir unsere Volkswirtschaften auf dieselbe Art und Weise wieder aufbauen und dieselben Ungleichheiten wieder herstellen, obwohl wir doch wissen, dass sich diese mit der globalen Erwärmung noch verschlimmern werden? Oder wird es uns gelingen, die Gesundheitskrise zu nutzen, um einen ökologischen und sozialen Wandel voranzutreiben und unsere Lebensweise im Einklang mit den Bedürfnissen der Menschen und den Grenzen des Planeten zu verändern?

Die Pandemie und die darauf folgende Wirtschaftskrise sollten uns eine Lehre sein. Wenn wir jetzt nicht erkennen, dass wir die Wechselwirkung zwischen Mensch und Natur neu überdenken müssen, was muss dann noch geschehen? fragt Sandrine.

Das ist auch der jüngeren Generation völlig klar. *Bei der Bewältigung der Pandemie ging es vorrangig um kurzfristige Lösungen, was natürlich notwendig war. Aber wie bei der globalen Erwärmung vernachlässigen die politisch Verantwortlichen, dass die Ursachen menschengemacht sind,* bedauert Adélaïde. *Das derzeitige System fährt uns geradewegs gegen die Wand. Eine Umkehr ist dringend notwendig.*

Aber wie können die Lösungen aussehen? *Es sollte nicht die Aufgabe der Jugend sein, Lösungen zu finden,* meint Anuna. *Weltweit gibt es Tausende von Forschern und Wissenschaftlern, die seit Jahrzehnten an Lösungsansätzen arbeiten, aber die Politik hört ihnen nicht zu. Wir brauchen Führungspersönlichkeiten, die den Mut haben, eine Klimapolitik zu verfolgen, die auf dem aktuellen Stand der Wissenschaft basiert. Das tun unsere politischen Führer*innen jedoch nicht, und darauf reagiert die Jugend mit Rebellion. Im Gegensatz zu früheren Generationen will diese Generation keine Kompromisse mehr eingehen,* erklärt sie kategorisch.

Während der Pandemie haben die Maßnahmen zur Eindämmung der Ausbreitung des Coronavirus den öffentlichen Druck geschwächt. Monatelang waren Klimaaktivist*innen auf den Straßen und in den Medien kaum präsent, darum befürchten die Verantwortlichen von Youth for Climate nun, dass die Regierungen vorrangig die Wirtschaft ankurbeln werden, ohne umweltschädliche Technologien einzuschränken oder einen Ausgleich für die Umwelt zu schaffen. *Da stellt sich die Frage, ob wir den Wandel selbst in Gang setzen oder dazu gezwungen werden,* sagt Anuna.

Während sich die Wirtschaft erholt, haben die Regierungen die einmalige Chance, unsere Infrastruktur wieder aufzubauen und gleichzeitig den Wandel voranzutreiben. Es ist notwendig,

jetzt die Widerstandsfähigkeit unserer Gesellschaften gegen ökolo-
gische, soziale und wirtschaftliche Krisen zu stärken, mit denen
wir in Zukunft sicherlich häufiger konfrontiert sein werden, sagt
Sandrine.

GRENZEN UND WIDERSTANDSKRAFT
UNSERES PLANETEN

Der häufig strapazierte Begriff »Resilienz« bedeutet ursprünglich die Fähigkeit von Materialien, Erschütterungen zu widerste-
hen. Heute wird der aus der Physik stammende Begriff auch in
der Psychologie sowie im Risiko- und Katastrophenmanage-
ment verwendet. Der Duden definiert Resilienz als »psychische
Widerstandskraft; Fähigkeit, schwierige Lebenssituationen ohne
anhaltende Beeinträchtigung zu überstehen«. Im weiteren Sinne
geht es um die Fähigkeit eines Ökosystems, eines Biotops oder
einer Gruppe von Individuen (Population, Art), sich nach einer
äußeren Störung (Brand, Sturm, Rodung...) zu erholen.

Während für Adélaïde und Anuna Resilienz mit *Erfindungs-*
reichtum, kollektiver Vorstellungskraft und dem gemeinsamen
Erarbeiten von Lösungen für die ökologische Krise einhergeht,
bedeutet Resilienz für Sandrine, *die Grenzen des Planeten zu*
respektieren.

Dieser Begriff der »Grenzen unseres Planeten« geht auf die
Arbeit des Club of Rome zurück. Etwa zwanzig Forscher*innen
unter der Leitung von Johan Rockström vom Stockholm Resilience Center an der Universität Stockholm sowie Will Steffen
von der Australian National University haben neun »Grenzen«
definiert, die die Menschheit nicht überschreiten darf, anderen-
falls läuft sie Gefahr, das Gleichgewicht des Planeten ernsthaft
und dauerhaft zu stören und die für das Leben auf der Erde güns-
tigen Bedingungen zu gefährden. Zu diesen Grenzen gehören
der Klimawandel, der Verlust der Artenvielfalt, die Störung des

Stickstoff- und Phosphorkreislaufs, die veränderte Landnutzung, die Entwaldung und die Versauerung der Meere.

Im Jahr 2009 schätzten die Forscher*innen, dass drei dieser Grenzen bereits überschritten waren: Klimawandel, Verlust der Artenvielfalt und Störung des Stickstoffkreislaufs. In einer Veröffentlichung aus dem Jahr 2015 wurde die Überschreitung einer vierten Grenze festgestellt: die Veränderung der Landnutzung.

Wir können die Zerstörung bremsen und den Wiederaufbau verbessern, indem wir die Harmonie zwischen Mensch und Erde in den Mittelpunkt stellen, meint Sandrine. *Das bedeutet aber, das Wirtschaftswachstum und den übermäßigen Konsum deutlich zu verringern.*

Ähnlich sieht es Esmeralda: *Meiner Meinung nach muss eine widerstandsfähige Gesellschaft die Gesundheit und das Wohlbefinden von Mensch und Natur in den Vordergrund stellen. Es muss sichergestellt werden, dass alle Menschen Zugang zu Nahrungsmitteln, Wasser, angemessenen Wohnungen, aber auch zu sauberer Luft sowie sauberer und erschwinglicher Energie haben, denn das sind die Menschenrechte. Arbeitsplätze in den Bereichen Gesundheit, Bildung und öffentlicher Verkehr müssen aufgewertet werden. Und wir brauchen massive Investitionen in den öffentlichen Sektor, der viel zu oft zugunsten von Privatisierung vernachlässigt wurde. Es gilt, die Achtung für die Umwelt und alles, was unsere biologische Vielfalt ausmacht, wiederzufinden.*

Sandrine ergänzt: *Wir verfügen über die Instrumente, um unsere Gesellschaft widerstandsfähiger zu machen, aber nicht über die Technologien oder die finanziellen Mittel. Wir wissen, wie sich die Kohlenstoffemissionen verringern lassen. Die Produktionskosten für erneuerbare Energien sind inzwischen mit denen für fossile Brennstoffe vergleichbar. Es gibt immer noch ein Speicherproblem, aber das wird gerade gelöst. Mit den momentan verfügbaren Technologien können wir die Kohlenstoffbilanz der Wirtschaft um 60 % bis 70 % verbessern. Wichtig ist auch, Finanzströme auf umweltschonende Aktivitäten umzulenken. Das Geld ist* vorhanden, das bestätigen Investoren und Finanzanalysten. Wenn wir uns die jüngsten Anlagetrends ansehen, stellen wir fest, dass Unternehmen, die auf Nachhaltigkeits- und ESG-Kriterien (Umwelt, Soziales und Governance) setzen, widerstandsfähiger sind und gute Renditen bieten.

Ich denke, wir haben alle Voraussetzungen, um den Wandel einzuleiten: Technologie, Geld und vor allem ein zunehmendes Gefühl der Dringlichkeit. Man sagt uns, dass die Kassen für Klimaschutzmaßnahmen leer sind, aber gleichzeitig wird die Wirtschaft nach der Pandemie mit Milliarden gestützt. Das Geld ist also da, fährt Esmeralda fort und erklärt, dass mit jedem Jahr, um das wir den Kampf gegen die globale Erwärmung und den Rückgang der Artenvielfalt verzögern, die notwendigen Maßnahmen immer teurer werden.

Die milliardenschweren Konjunkturpakete nach Covid-19 sollten genutzt werden, um den Wandel in Bewegung zu bringen, fordert Sandrine. Das Umweltprogramm der Vereinten Nationen (UNEP) besagt, dass es immer noch möglich ist, die globale Erwärmung unter +2 °C zu halten, wenn sich die Staaten zu einem grünen Umbau verpflichten. Wird aber der bisherige politische Kurs beibehalten, werden wir bis zum Ende des Jahrhunderts eine Erwärmung von +3,2 °C erleben, wahrscheinlich sogar mehr, falls die Länder ihre Klimaverpflichtungen nicht einhalten.

Dabei stehen die Möglichkeiten für einen Wandel so gut wie nie zuvor. Einem Bericht des Weltwirtschaftsforums vom Juli 2020 zufolge könnte ein wirtschaftlicher Aufschwung, der sich auf einen systemischen Wandel hin zur Natur konzentriert, bis 2030 bis zu 395 Millionen Arbeitsplätze in den Bereichen Landwirtschaft, nachhaltiges Land- und Ökosystemmanagement, Begrünung von Gebäuden und Infrastruktur, Ressourcenrückgewinnung, Kreislaufwirtschaft usw. schaffen, ergänzt Sandrine.

Den Verfechter*innen des »ökorealistischen« Diskurses, die den technischen Fortschritt als einzige Rettung aus der ökologischen Krise sehen, entgegnen unsere vier Gesprächspartnerinnen, dass es absurd wäre, sich auf mögliche neue Technologien, wie z. B. Geo-Engineering[1], zu verlassen, denn ihrer Meinung nach *gibt es bereits Lösungen auf allen Ebenen, um eine lebensfähige Zukunft für künftige Generationen zu gewährleisten.*

Für die Regierungen bedeutet dies konkret, dass sie die Subventionen für fossile Brennstoffe bis spätestens 2030 einstellen müssen. Der Energieverbrauch muss durch Effizienzmaßnahmen gesenkt werden. Die Investitionen in erneuerbare Energien müssen verdreifacht und ihr Einsatz muss beschleunigt werden. Neben der CO_2-Emissionsreduktion im Energie-, Verkehrs- und Gebäudesektor geht es auch um die Entwicklung biologischer und bodenregenerierender Anbaumethoden sowie um die Kreislaufwirtschaft, führt Sandrine aus.

Auf der wirtschaftlichen Seite *sind Mechanismen zur Bepreisung von Kohlenstoff notwendig. Eine umfassende Steuerreform muss die Steuerlast von der Arbeit auf die Produktion und umweltschädliche Produkte verlagern. Mit anderen Worten: Wirtschaftstätigkeiten, die negative Auswirkungen auf die Umwelt haben, sollten stärker besteuert werden, wobei gleichzeitig flankierende Maßnahmen für benachteiligte Arbeitnehmer und besonders schutzbedürftige Personen ergriffen werden sollten.*

Ich behaupte nicht, dass es für alle leicht sein wird, insbesondere für Unternehmen, die in alten Strukturen verankert sind. Aber ich denke, wir müssen aufhören, die neoliberale Wirtschaft zu idealisieren. In den westlichen Ländern haben wir die höchsten Selbstmord-, Depressions- und Burn-out-Raten unter jungen Menschen. Diese Generation ist die erste, die weniger verdient als ihre Eltern. Das ständige Streben nach wirtschaftlichem Wachstum, das inzwischen von den meisten Volkswirtschaften der Welt übernommen wurde, macht die Menschen nicht mehr glücklich. Künftige Generationen zahlen einen noch höheren Preis. Machen wir uns nichts vor: Wenn sich politisch nichts ändert, werden große Teile

---

1 Als Geo-Engineering werden alle Technologien bezeichnet, die darauf abzielen, das Klima in großem Maßstab gezielt zu verändern.

der Erde für Menschen unbewohnbar werden, fügt sie hinzu.

In den letzten drei Jahrzehnten *wurde der Profit über den Menschen gestellt,* beklagt Esmeralda. *Allenthalben gab es Haushaltskürzungen, öffentliche Dienstleistungen wurden reduziert. Jetzt erkennen wir, wie dringend wir sie brauchen – ebenso dringend wie die Menschen in Berufen, die während der Pandemie beklatscht wurden. Diese Anerkennung ist schön, aber sie täuscht über die eigentliche Ursache des Problems hinweg, nämlich den Mangel an struktureller Unterstützung.*

Wir müssen uns nun darauf konzentrieren, durch kurzfristige wirtschaftliche Interventionen die Grundlagen für einen langfristigen Paradigmenwechsel zu legen, um künftige Krisen abzumildern und den Bürger*innen eine sichere, stabile und auskömmliche Zukunft zu bieten, ergänzt Sandrine.

Ein guter Anfang wäre es, die Bewilligung von Finanzmitteln für Unternehmen an soziale und ökologische Ziele zu knüpfen und so das Gesundheitswesen und den Umweltschutz zu stärken. Damit würde man den Bürger*innen zeigen, dass nicht die üblichen umweltbelastenden Strategien fortgeführt werden, sondern das System auf eine nachhaltigere Basis umgestellt wird. Genau darum geht es doch im Pariser Abkommen, erklärt sie.

WIE WICHTIG IST DAS BRUTTOINLANDSPRODUKT?

Die globale Erwärmung, das massiv Aussterben von Tier- und Pflanzenarten und die zunehmende Gefahr von Pandemien zeigen die Grenzen unseres wirtschaftlichen Entwicklungsmodells auf, das auf stetigem Wachstum und der ungezügelten Ausbeutung der Natur beruht. *Um das Problem in Angriff zu nehmen, müssen wir die absolute Priorität des Wachstumswettlaufs hinterfragen,* sagt Sandrine. *Um die Herausforderungen des 21. Jahrhunderts zu meistern, brauchen wir eine völlig neue Sichtweise der Wirtschaft und eine neue Art, den Fortschritt zu messen.*

Heute wird das Wachstum meist am Bruttoinlandsprodukt (BIP) gemessen. Dieser Indikator sagt jedoch nichts über die Umweltbelastungen aus, die durch den Abbau, die Nutzung und die Zerstörung der natürlichen Ressourcen entstehen. Im Gegenteil, viele umweltschädliche Waren und Dienstleistungen werden in das Maß für eine »gesunde« Wirtschaft einbezogen. Gleichzeitig werden soziale Ungleichheiten, Gesundheit, Bildung nicht berücksichtigt, erklärt sie.

Angesichts der Herausforderungen, vor denen die Menschheit steht, sollten wir uns folgende Fragen stellen: Wie können wir die Lebensbedingungen unserer Bürger*innen verbessern, da wir nicht alle in gleicher Weise mit Krisen konfrontiert sind? Wie können wir uns weiterentwickeln und gleichzeitig das menschliche Wohlergehen sicherstellen und die Grenzen des Planeten respektieren? Wie können wir leben, ohne Menschen in anderen Ländern und künftigen Generationen Ressourcen zu entziehen?

Die Kritik am BIP ist nicht neu, sie entzweit die Ökonom*innen seit Langem. Die Debatte wurde aktuell durch die Notwendigkeit einer gründlichen Überarbeitung unseres Entwicklungsmodells neu befeuert. Es geht um alternative Indikatoren und eine Neudefinition von Wohlstand, sagt Adélaïde und verweist auf die Arbeiten der Wirtschaftswissenschaftler*innen Tim Jackson und Isabelle Cassiers.

Immer mehr Wirtschaftswissenschaftler*innen, Banken, lokale und nationale Regierungen und sogar der Internationale Währungsfonds (IWF) denken inzwischen darüber nach, wie das BIP angepasst werden kann, um die Verteilung des Wohlstands und andere nicht-marktbezogene Aspekte besser zu berücksichtigen, ergänzt Sandrine.

Im Jahr 2018 wurden diese Überlegungen durch die Gründung der Group of Wellbeing Economy Governments konkretisiert – eine Allianz von Nationen, die sich für eine Wirtschaft des Wohlbefindens einsetzen, fährt sie fort. Der von der schottischen Ministerpräsidentin Nicola Sturgeon gegründeten Gruppe gehören

Schottland, Island und Neuseeland als Gründungsmitglieder an. »Ja, Wirtschaftswachstum ist wichtig, aber es gibt auch andere wichtige Dinge. Das BIP-Wachstum sollte nicht um jeden Preis angestrebt werden. Das Ziel der Wirtschaftspolitik sollte das kollektive Wohlergehen sein. Dass die Menschen glücklich und gesund sind und nicht nur ihren Wohlstand vermehren«, argumentierte Sturgeon 2019 auf einer TED-Konferenz.

Für diese Staaten, die alle von Frauen und Mitte-Links-Koalitionen geführt werden, geht es vorrangig um die Herausforderungen der globalen Erwärmung, den Kampf gegen soziale Ungleichheit und den Vertrauensverlust in politische Institutionen. »Eine Debatte über den Wohlstandsbegriff wirft tiefgreifende und grundlegende Fragen auf. Worauf legen wir in den Gesellschaften, in denen wir leben, Wert? Was für ein Land, was für eine Gesellschaft wollen wir? Wenn wir die Bürger*innen in diese Diskussion und die Suche nach Antworten auf solche Fragen einbeziehen, können wir sehr viel besser auf das Desinteresse und die Politikverdrossenheit reagieren«, erklärt Sturgeon.

In Schottland wurde 2007 damit begonnen, zusätzliche Indikatoren heranzuziehen, beispielsweise Einkommensgerechtigkeit, Glück der Kinder, Zugang zu Grünflächen und Wohnraum. »Keiner dieser Indikatoren wird im BIP berücksichtigt, obwohl sie für eine glückliche und wohlhabende Gesellschaft unerlässlich sind«, sagt die Ministerpräsidentin, deren Beliebtheitswerte im November 2020 ihren höchsten Stand erreichen.

Im gleichen Sinne hat Neuseeland 2019 – als erstes Land der Welt – seinen Staatshaushalt grundsätzlich umstrukturiert und einen eigenen Etat für das Wohlbefinden der Bevölkerung verabschiedet. Das Ziel ist, die psychische Gesundheit und die Bekämpfung von Ungleichheiten in den Mittelpunkt des öffentlichen Handelns zu stellen, noch vor den wirtschaftlichen Indikatoren. Während die konservative Opposition kritisiert, dieser Ansatz schichte Gelder »zugunsten von Eisenbahnen und Bäumen« um, *geht es tatsächlich um die Verwirklichung der von den*

Vereinten Nationen geförderten nachhaltigen Entwicklungsziele, erklärt Sandrine.

Unter den Industrieländern hat Neuseeland auch die Corona-Pandemie am besten bewältigt. *Generell lässt sich feststellen, dass die Länder und Unternehmen, die am meisten in die Ziele für nachhaltige Entwicklung investiert haben, die Krise besser verkraftet haben als andere. Das ist kein Hirngespinst, sondern eine durch vorliegende Zahlen beweisbare Tatsache.*

Auch in Europa könnten Umweltsicherheit, Klima, Gesundheit und soziale Widerstandsfähigkeit zu neuen Indikatoren werden, um über das BIP hinaus den Erfolg des wirtschaftlichen Aufschwungs zu messen, fügt sie hinzu.

Die Covid-19-Pandemie hat eine einmalige Gelegenheit eröffnet, diese Veränderungen anzuschieben. Die Bürgerinnen und Bürger sind sich mehr denn je bewusst, worauf es ankommt, und viele Umfragen zeigen, dass die meisten von ihnen nicht zu den alten Verhältnissen zurückkehren wollen, sagt Sandrine. *Wenn wir weitermachen wie bisher, würden wir die Folgen der globalen Erwärmung und die Zerstörung der Ökosysteme verschlimmern und das Risiko künftiger Pandemien erhöhen.*

In diesem Punkt sind sich auch die IPBES-Expert*innen einig: »Wir sind zunehmend in der Lage, Pandemien zu verhindern, aber diese Fähigkeit wird zurzeit weitgehend ignoriert. Der übliche Ansatz besteht immer noch in dem Versuch, Krankheiten einzudämmen und zu kontrollieren, nachdem sie bereits aufgetreten sind, und zwar durch Impfstoffe und Therapien. Um nicht in eine Ära der Pandemien zu steuern, müssen wir uns zunehmend auf die Prävention konzentrieren statt nur auf die Reaktion.« Unter Prävention verstehen die Expert*innen die Verringerung menschlicher Aktivitäten, die den Verlust der biologischen Vielfalt fördern (z. B. Waldrodung, Landnutzung, Ausweitung und Intensivierung der Landwirtschaft, Handel mit wild lebenden Tieren usw.), die verstärkte Einrichtung von Schutzgebieten sowie Maßnahmen zur Verringerung der nicht nachhaltigen Nutzung in Regionen mit großer biologischer Vielfalt. Um das Risiko künftiger Pandemien zu verringern, gleichzeitig die Natur zu schützen und den Klimawandel einzudämmen, sei eine Kombination zahlreicher verschiedener Maßnahmen nötig, heißt es in dem IPBES-Bericht.

Um künftigen Risiken vorzubeugen, *ist die Stärkung des Gesundheits- und Umweltschutzes notwendig, und sie muss den wirtschaftlichen Aufschwung und den ökologischen Wandel unterstützen. Es ist wichtig, gemeinsam mit den Bürger*innen Indikatoren festzulegen, um die politischen Entscheidungen in Richtung einer grünen Wirtschaft zu leiten, in deren Mittelpunkt das Wohlergehen der Menschheit und des Planeten steht*, führt Sandrine aus.

Natürlich hängt dieser Ansatz in hohem Maße von den kulturellen, wirtschaftlichen und politischen Normen und Werten des jeweiligen Landes ab. Es versteht sich von selbst, dass reiche Industrieländer nicht dieselben Indikatoren anwenden können wie Entwicklungsländer, für die das BIP-Wachstum immer noch eng mit der Verbesserung des Lebensstandards zusammenhängt, sagt sie.

DAS DONUT-MODELL

Um die ökologischen und sozialen Herausforderungen des 21. Jahrhunderts zu bewältigen, brauchen wir ein neues Wirtschaftskonzept, das es der Menschheit erlaubt, sich im Rahmen der Möglichkeiten unseres Planeten zu entwickeln.

Auf der Grundlage dieser Beobachtung hat die britische Wirtschaftswissenschaftlerin und Professorin der Universität Oxford Kate Raworth, die auch Mitglied des Club of Rome ist, ein Modell entwickelt, das zunehmend auf Interesse stößt. Brüssel und Amsterdam haben sich dafür entschieden, auf Grundlage dieses Modells ihre Wirtschaft anzukurbeln und bis 2050 Kohlenstoffneutralität zu erreichen.

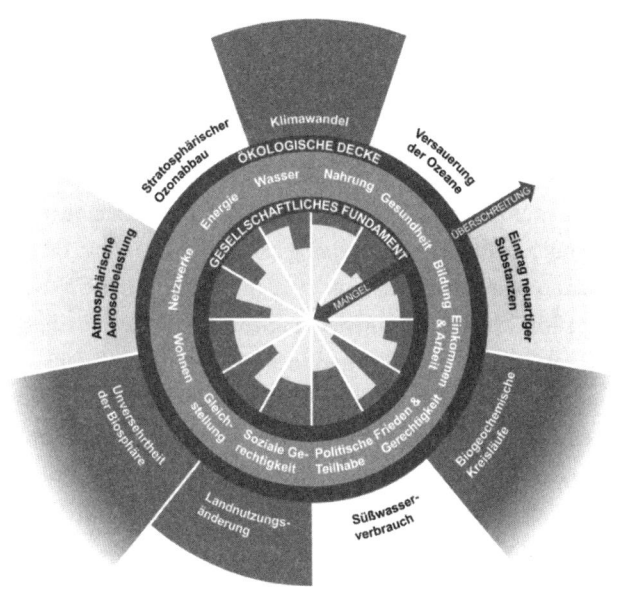

Modell nach Kate Raworth, www.oxfam.de/ueber-uns/
aktuelles/2019-10-28-wirtschaft-alle-donut-kompass

Dieses sogenannte Donut-Modell wurde von der NGO Oxfam entwickelt, für die Kate Raworth elf Jahre lang tätig war. Es
zielt darauf ab, das Streben nach unendlichem Wachstum aufzugeben, um die Wirtschaft wieder in den Dienst des menschlichen Wohlergehens zu stellen, und dabei die vom Club of Rome
formulierten neun Grenzen des Planeten zu berücksichtigen, die
bereits zur Sprache kamen.

In diesem Modell definieren die Naturwissenschaften den
äußeren Rand des Donuts, also die »ökologischen Obergren-
zen«, die in Bezug auf CO_2-Emissionen, Luftverschmutzung
oder die Erhaltung der biologischen Vielfalt nicht überschritten
werden dürfen, um eine nachhaltige Entwicklung für die
Menschheit zu gewährleisten.

Das Loch in der Mitte steht für die soziale Untergrenze, also
die Grundbedürfnisse der Menschen, wie sie von den Vereinten

Nationen definiert und von den internationalen Staats- und Regierungschef*innen vereinbart wurden. Dazu gehören der Zugang zu Wasser, Nahrung, Gesundheit, Bildung, Beschäftigung, Energie usw.

Zwischen diesen beiden Kreisen liegt der Teigring: ein sicherer und gerechter Raum für die Menschheit, in dem eine integrative und nachhaltige Wirtschaft gedeihen kann.

Das Modell wurde erstmals 2012 im Vorfeld einer UN-Konferenz zur nachhaltigen Entwicklung vorgestellt. Es schreibt keine konkreten Maßnahmen vor, sondern ermöglicht es jeder Einheit (Stadt, Region, Staat ...), ihren Status in Bezug auf die ökologische Nachhaltigkeit zu ermitteln. Auf dieser Grundlage kann sie dann den Weg zu einer weiteren Entwicklung bestimmen, die den Bedürfnissen der Erde und der jeweiligen Gesellschaft Rechnung trägt.

In der niederländischen Hauptstadt erstellte Kate Raworth eine Liste von Bereichen, die im Sinne des Donut-Modells verbessert werden sollten, etwa die Abfallbehandlung, die Vermeidung von Lebensmittelverschwendung, die Nutzung wiederverwendbarer Materialien usw. In jedem Fall wurde ein Bezug zu Beschäftigungs- und sozialen Fragen hergestellt.

In Brüssel wurde die Wirtschaftswissenschaftlerin damit beauftragt, eine vergleichbare Analyse sowie einen Leitfaden für öffentliche Maßnahmen in Absprache mit Bürgerverbänden und Forschern des Institut Catholique des Hautes Études Commerciales (Katholische Wirtschaftshochschule, ICHEC) für das Frühjahr 2021 zu erstellen.

Der Übergang zu einer kohlenstoffarmen Kreislaufwirtschaft, die die planetaren Grenzen respektiert, ist die einzige Hoffnung für eine menschenwürdige Bewältigung der Krisen. Dies ist weder eine ideologische Entscheidung noch ein sozialistisches Projekt, sondern eine existenzielle Notwendigkeit für die Menschheit. Auch bei Berücksichtigung von Indikatoren für ökologisches und soziales Wohlergehen oder die Anwendung der Donut-Theorie sind Inno-

vationen in einer Marktwirtschaft möglich, jedoch auf einer nach-
haltigen Basis, sagt Sandrine.

EIN WANDEL, BEI DEM NIEMAND
AUF DER STRECKE BLEIBT

Es wäre völlig illusorisch zu glauben, dass der Wandel einfach
sein wird. *Frühere Übergangsprozesse haben gezeigt, dass es Ver-*
lierer und harte Zeiten geben kann. Jede industrielle Revolution
hat die Grundfesten der Gesellschaften erschüttert, aber auch In-
novationen und die Wiederbelebung bestehender Gemeinschaften
ermöglicht. In ganz Europa gibt es bereits Projekte, in denen ehe-
malige Industrie- oder Kohlebergbaugemeinden auf kohlenstoff-
arme Produktion umgestellt werden oder Menschen in zukunfts-
orientierten Sektoren wie Digitalisierung oder künstliche Intelli-
genz umgeschult werden, fügt sie hinzu.

Um möglichst viele Menschen in den notwendigen Wandel
unserer Produktions- und Konsummuster einzubeziehen, muss
der Übergang jedoch so fair wie möglich gestaltet werden.

Diese Forderung hat ihren Ursprung in den Vereinigten Staaten der 1970er-Jahre und ist auch in der Präambel des Pariser Abkommens festgeschrieben. *Das aus der Gewerkschaftsbewegung*
stammende Konzept des gerechten Wandels zielte ursprünglich
darauf ab, die Rechte der Arbeitnehmer im Spannungsfeld zwi-
schen dem Erhalt von Arbeitsplätzen und der Verschärfung von
Umweltschutzvorschriften zu gewährleisten, erläutert Sandrine.

Dies erklärt unter anderem, warum sich die meisten Gewerkschaften mit den Klimaprotesten 2019 solidarisch gezeigt haben.
Bereits vor acht Jahren schrieb der belgische Gewerkschaftsbund
FGTB. »Das Problem des Klimawandels ist ein gewerkschaft-
liches Problem, weil es Ungerechtigkeiten und Spannungen
hervorruft, wodurch es Veränderungen des Gesellschaftsmodells erfordert, auf die es zu reagieren gilt. Es wäre ein großer

Fehler, das Soziale und das Ökologische gegeneinander auszuspielen.«

Klimamaßnahmen müssen einen sozialen Nutzen haben. Das kann durch eine Verlagerung der Steuerlast von der Arbeit auf umweltschädliche Produkte und Produktionsweisen geschehen, durch die Schaffung grüner Arbeitsplätze oder die Unterstützung der Bevölkerung durch Umverteilungsmaßnahmen, so Sandrine.

Ein fairer Wandel bedeutet, dass niemand auf der Strecke bleiben darf. Beschäftigte in der fossilen Energiewirtschaft müssen geschult werden, um neue Aufgaben im Bereich der erneuerbaren Energien ausfüllen zu können. Die Energiewende kann nicht auf Kosten der Arbeitnehmer vollzogen werden. Sie erfordert erhebliche finanzielle Investitionen auf lokaler und nationaler Ebene. In Großbritannien wurden in den 1980er-Jahren viele Kohlebergwerke geschlossen, ohne diesen Wandel vorzubereiten. Unter den katastrophalen sozialen Folgen leidet der Norden des Landes noch heute, erklärt Esmeralda, die seit mehr als zwanzig Jahren in London lebt.

Beispielhaft ist auch die spontane Entstehung der »Gelbwesten-Bewegung« (Gilets Jaunes) in Frankreich als Reaktion auf die Erhöhung der Kohlendioxid-Energiesteuer. Indem die französische Exekutive die Kraftstoffsteuer angehoben hat, ohne Umverteilungsmaßnahmen vorzunehmen, hat sich der Steuerdruck auf die bescheidensten Haushalte noch verstärkt. Die Wut der Bevölkerung entlud sich auf der Straße und zwang die Regierung zu einem Rückzieher.

Es muss eine ausreichende Unterstützung für die Bevölkerung und eine gerechte Verteilung der Lasten auf die kleinen und großen Verursacher geben. Nur so kann es meiner Meinung nach vorwärtsgehen. Nur wenn Ungleichheiten abgebaut werden, kann die Umweltbotschaft alle erreichen. Nur wenn der Wandel sich fair vollzieht und den Bürger*innen eine angemessene Zukunft bietet, können wir die Menschen mitnehmen. Wir müssen uns aber auch bewusst machen, dass es auf einem zerstörten Planeten keine Arbeitsplätze geben wird, gibt Sandrine zu bedenken.

Ein fairer Wandel sollte den Weg für eine gerechtere Wirtschaft und eine ausgewogenere Umverteilung des Wohlstands zwischen den Bessergestellten und den weniger Wohlhabenden sowie zwischen Nord und Süd ebnen und gleichzeitig das Wohlergehen und die Gesundheit der Bürger*innen gewährleisten.

SIND DIE UNTERNEHMEN BEREIT FÜR DEN WANDEL?

Die Unternehmen sind ein wichtiges Glied in der Kette, die Voraussetzungen dafür schaffen können, dass wir unseren künftigen Generationen eine bessere Welt hinterlassen.

Immer mehr Manager und Unternehmer verstehen das, vor allem diejenigen, deren Wertschöpfungskette direkt von der Zerstörung der natürlichen Ressourcen betroffen ist, erklärt Sandrine und nennt das Beispiel des Lebensmittelriesen Unilever. Seit den 1990er-Jahren konzentriert sich die Gruppe, zu der auch die weltweit führende Teemarke Lipton gehört, auf die nachhaltige Bewirtschaftung ihrer Plantagen, denn deren Erträge sind durch immer häufigere Dürren in Ostafrika bedroht. Seit 2015 sind alle Teeplantagen des Unternehmens als nachhaltig zertifiziert.

Auch die kalifornische Outdoor-Sportbekleidungsmarke Patagonia ist nach Ansicht unserer Gesprächspartnerinnen ein Vorbild in Sachen sozialer und ökologischer Verantwortung. Das von einem begeisterten Kletterer gegründete Unternehmen setzt alles daran, den gesamten Lebenszyklus seiner Produkte zu managen, seine ökologischen Auswirkungen möglichst gering zu halten und gute Arbeitsbedingungen in seinen Fabriken zu bieten.

Zeitgemäß denkende Führungspersönlichkeiten sind ein wichtiger Faktor, aber es gibt viele Hebel, um Unternehmen zu umweltfreundlicheren Praktiken zu bewegen, so Sandrine weiter. *Öffentlicher Druck und gesetzliche Regulatorien bewirken, dass* immer mehr Unternehmen sich bemühen, ihre Umweltauswirkungen zu reduzieren, unter anderem in den Sektoren Zement, Aluminium, Elektrizität und Automobil. Das ist noch nicht genug, aber wir sehen, dass sich etwas bewegt.

Der Übergang in eine kohlenstoffarme Zeit kann jedoch nicht ohne die Mitwirkung der Giganten der fossilen Brennstoffindustrie gelingen. Im Jahr 2017 zeigte ein Bericht der NGO Carbon Disclosure Project, dass nur 100 Unternehmen für mehr als 70 % der weltweiten Treibhausgasemissionen seit 1988 verantwortlich sind. Die Liste umfasst, wenig überraschend, die großen chinesischen Kohleunternehmen (14 %), gefolgt von der Ölgesellschaft Aramco (4,5 %, Saudi-Arabien), Gazprom (3,9 %, Russland), Nioc (2,3 %, Iran), ExxonMobil (2 %, USA), Coal India (1,9 %, Indien) oder Shell, BP, Chevron, Total usw.

Adélaïde und Anuna halten es für notwendig, *diese Unternehmen mit ihrer Verantwortung zu konfrontieren, um sie zu zwingen, die Expansion neuer fossiler Projekte zu stoppen. Es geht um Grenzen und Regulierung.*[2]

Wir wissen auch, welche Länder die größten Emittenten von Treibhausgasen sind: China, die USA und (die Länder der) Europäischen Union. Wir müssen also an beiden Fronten handeln, erklärt Sandrine. *Auf der Ebene der Unternehmen geht es darum, sie durch öffentlichen Druck und ordnungspolitische Maßnahmen zu zwingen, sich auf den Übergangsprozess einzulassen, zu diversifizieren oder zu schließen. Für die Regierungen bedeutet dies, dass sie dazu gedrängt werden müssen, ihre Klimaverpflichtungen zu verstärken und einzuhalten. Derzeit haben sowohl die Europäische Union als auch China ihre Absicht erklärt, bis 2050 bzw. 2060 Kohlenstoffneutralität anzustreben. In den USA hat Präsident Biden angekündigt, dass er bis 2050 dasselbe erreichen will.*

---

2 Anm. des Lektorats: Der Ölkonzern Shell wurde 2021 in Den Haag dazu verurteilt, seinen CO_2-Ausstoß bis 2030 im Vergleich zu 2019 um 45 % reduzieren.

Bis Mitte November 2020 hatten 126 Länder, die für 51 % der Treibhausgasemissionen verantwortlich sind, ein Kohlenstoff-neutralitätsziel für 2050 angenommen oder angekündigt. Diese Zahl erhöht sich auf 63 %, wenn man die Vereinigten Staaten mit einbezieht.

Dies ist zwar ermutigend, aber die Zwischenziele für die Verringerung der Treibhausgasemissionen bis 2030 reichen bei Weitem nicht aus, um das Pariser Abkommen zu erfüllen, und verdeutlichen die große Kluft zwischen den kurz- und langfristigen Zielen der Staaten.

In der Europäischen Union wird das Zwischenziel, die Treibhausgasemissionen bis 2030 um 55 % gegenüber dem Stand von 1990 zu senken, einige Unternehmen bereits dazu zwingen, ihre Energieeffizienz zu verbessern. Das Problem ist, dass der Rest der Welt nicht Schritt hält. Klar ist jedoch, dass wir unsere Produktions- und Verbrauchsmuster durch ehrgeizigere Rechtsvorschriften, intelligentere Preismechanismen und die Abschaffung von Subventionen für fossile Brennstoffe dringend umgestalten müssen.

Wenn Europa der einzige Vorreiter ist, muss ein Mechanismus zur Besteuerung von Importen kohlenstoffreicher Produkte aus Ländern eingeführt werden, die keine gleichwertigen Maßnahmen ergreifen. Andernfalls drohen Unternehmensschließungen und Arbeitsplatzverluste, sagt Sandrine.

Wie viele NGOs bedauern auch Anuna und Adélaïde die Unzulänglichkeit der europäischen Bemühungen, zumal die Wissenschaft zeigt, dass eine Reduzierung der Kohlenstoffemissionen um mindestens 65 % bis 2030 erforderlich ist, um den Anstieg der Temperatur auf 1,5 °C zu begrenzen. Auf den Fluren der europäischen Institutionen, die sie mehrfach besucht haben, haben die Youth for Climate-Führungskräfte nach eigenen Angaben viele gewählte Vertreter*innen getroffen, die davon überzeugt sind, *dass sie eine revolutionäre Klimapolitik verfolgen müssen, auch wenn der eingeschlagene Kurs noch immer nicht im Einklang mit der Wissenschaft und dem Pariser Abkommen steht.*

Nur die Präsidentin der Europäischen Kommission, Ursula von der Leyen, hat die Ehrlichkeit besessen, dies zuzugeben.

Daran wird deutlich, wie komplex das Problem ist. Viele sind der Meinung, dass die Europäische Union im Kampf gegen die globale Erwärmung an vorderster Front steht, weil sie weiter geht als andere, aber das bedeutet nicht, dass dies ausreicht. Zugleich ist der politische Druck immens. Einige Mitgliedstaaten treten auf die Bremse. In Wirklichkeit wissen nur wenige Menschen, dass die Schwelle von +1,5 °C höchstwahrscheinlich im Jahr 2030 über-schritten werden wird. Daher ist es notwendig, den Wandel so schnell wie möglich in Gang zu setzen, erklärt Sandrine.

UNSERE ROLLE ALS BÜRGER*INNEN

Unsere vier Gesprächspartnerinnen sind sich einig, dass alle Bürger*innen den Wandel mittragen müssen.

Auf individueller Ebene bedeutet dies, dass wir uns auf das Wesentliche besinnen, unsere Treibhausgasemissionen und unseren ökologischen Fußabdruck reduzieren müssen, was für den wohlhabenden Teil der Bevölkerung in den Industrie- und Schwellenländern sicherlich ein gewisses Maß an Verzicht bedeutet, so Sandrine. Mit anderen Worten: Die Reichen müssen ihren Konsum einschränken, damit die anderen genug zum Leben haben. *Wir alle haben das Recht auf sauberes Wasser, Nahrung und eine gesunde Umwelt. Das sind die Mindestvoraussetzungen für das menschliche Überleben,* fügt sie hinzu.

Ich wurde mit Beton und Konsum geboren. Ich kannte nichts anderes, sagt Adélaïde. *Bis zu meinem 18. Lebensjahr glaubte ich, dass es im Leben nur darum geht, das zu wollen, was uns im Fernsehen oder in den sozialen Netzwerken gezeigt wird. Ich dachte, dass Konsum der Weg zu Glück und Freiheit ist. Natürlich war ich mir der Ungleichheiten bewusst, und ich wollte mich als Schauspielerin für eine bessere Welt einsetzen. Aber erst mit 18 Jahren wurde mir klar, dass das westliche Entwicklungsmodell, d. h., mehr zu produzieren, um mehr zu konsumieren, nicht das Ziel der Existenz sein kann. Heute ist mir wichtig, mit dieser in unserer Mentalität fest verankerten Illusion des Wohlbefindens durch Konsum aufzuräumen.*

Für Esmeralda bedeutet der Wandel, *dass wir alle unseren Lebensstil überdenken müssen, die Art und Weise, wie wir übermäßig konsumieren (müssen wir wirklich so viele Kleidungsstücke und Produkte kaufen?), die Art und Weise, wie wir uns ernähren (den Fleischkonsum abschaffen oder zumindest reduzieren), die Art und Weise, wie wir uns fortbewegen (zu Fuß gehen, Fahrrad fahren und öffentliche Verkehrsmittel nutzen). Es geht nicht darum, Opfer zu bringen, sondern ein gesünderes und ruhigeres Leben in unseren Städten zu entdecken: saubere Luft, weniger Verkehr und Stress und eine bessere Lebensweise auf individueller Ebene durch mehr Bewegung und gesunde Ernährung. Natürlich ist es Aufgabe der lokalen Behörden, die Städte umzugestalten, indem sie Grünflächen und Radwege ausbauen, die Kosten für Busse und Bahnen senken und dafür sorgen, dass frische und natürliche Lebensmittel nicht nur für die privilegierten Schichten verfügbar sind.*

Aber kann unser individuelles Handeln etwas bewirken und zur Umkehr der Emissionskurve beitragen? Überschätzt man damit nicht die Rolle der Einzelnen in einer Krise, die es erfordert, die Strukturen unserer Gesellschaften in Angriff zu nehmen?

Keine zielgerichtete Handlung ist nutzlos, antwortet Adélaïde und verweist auf die berühmte »Kolibri-Fabel«, die von dem französischen Landwirt und Denker Pierre Rabhi verbreitet wurde. Darin sehen die Tiere verängstigt zu, wie ein Wald in Rauch aufgeht. Nur ein Kolibri wird aktiv und holt mit seinem Schnabel ein paar Tropfen Wasser, um das Feuer zu löschen. Natürlich reicht seine Tat nicht aus, um die Flammen zu bekämpfen, aber was wäre, wenn jedes der Tiere seinen Teil dazu beitragen würde?

Wir sollten nicht andere für das verantwortlich machen, was wir selbst tun können. Aber wir müssen uns bewusst sein, dass unsere Beiträge nicht gleichwertig sind. Wir sind nicht alle Kolibris. Manche besitzen bessere Möglichkeiten, um das Feuer zu löschen. Es wäre ungerecht, nur die Kolibris arbeiten zu lassen. Die jungen Leute, die mit Greta Thunberg aufgestanden sind, sagen: Wir sind Kolibris, wir tun unseren Teil, aber wir fordern von den Elefanten (Politiker und Wirtschaftsakteure), dass auch sie ihren Teil tun, fährt Adélaïde fort.

Unsere Einzelinitiativen sind zwar wichtig, auch wenn sie nur als Beispiel dienen, um immer mehr Bürger*innen zu überzeugen, aber sie werden die Situation natürlich nicht lösen, fügt Esmeralda hinzu. *Die Bürgerinnen und Bürger haben jedoch eine enorme Macht – auch wenn man ihnen seit Jahren das Gegenteil einzureden versucht – und können Druck auf die Regierungen ausüben, damit diese das System ändern.* Auf diesen Punkt werden wir im nächsten Kapitel ausführlicher eingehen.

Viele Bürger*innen warteten nicht auf die Behörden, um die Anfänge einer neuen Welt zu skizzieren. Überall blühen lokale Initiativen auf, die sich mit der Produktion und dem Vertrieb von Lebensmitteln über kurze Wege, der Wiederverwendung von Abfällen, der Reparatur und Vermietung von Gegenständen, der gemeinsamen Nutzung von Energie, alternativer Mobilität usw. befassen.

Mitten in der Pandemie haben viele Wissenschaftler*innen, Ökonom*innen und Unternehmer*innen betont, dass es durchaus realistische und praktikable Lösungen für eine Zukunft gibt, die die planetaren Grenzen besser respektiert. In Belgien forderte eine Gruppe von mehr als 100 Wissenschaftler*innen und 182 Unternehmen, die sogenannte Resilience Management Group, die Behörden auf, die Gunst der Stunde zu nutzen und die Wirtschaft auf eine gerechtere und nachhaltigere Grundlage zu stellen. »Es geht nicht darum, die Wirtschaft auszubremsen oder unsere Häuser wieder mit Kerzen zu beleuchten. Vielmehr ist es angezeigt, den raschen und notwendigen Übergang zu einer anderen Wirtschaft zu gewährleisten, die integrativ, kooperativ und kreislauforientiert ist, eine Wirtschaft, die innerhalb der Grenzen des Planeten funktioniert«, schrieben sie im Sophia-Plan, einem Dokument, das Dutzende von konkreten Lösungen in den Bereichen Steuern, Banken und Versicherungen, verantwortungsvolle Produktion, Landwirtschaft, Bauwesen, Mobilität usw. enthält.

Heute mangelt es nicht mehr an Lösungen, sondern am kollektiven und politischen Willen, sie umzusetzen, sagt Sandrine. *Angesichts der globalen Umweltkrise und der zunehmenden sozialen Ungleichheiten habe die Menschheit die einmalige Chance, einen Kurswechsel vorzunehmen und das Gleichgewicht zwischen menschlichen und ökologischen Bedürfnissen wieder in den Mittelpunkt zu stellen,* fügt sie hinzu.

In einer Zeit, in der einige Wirtschaftszweige alles daransetzen, die Wirtschaft wieder in Gang zu bringen, müssen wir dringend aufwachen. Zur Tagesordnung zurückzukehren, ist keine Option. Wenn sich dieses Modell durchsetzt, werden wir alle verlieren. Darin sind sich unsere vier Gesprächspartnerinnen einig.

Jetzt ist nur eines wichtig: die Beschleunigung des Übergangsprozesses.

KAPITEL 4

Zeit zum Handeln

Seit dem Pariser Abkommen von 2015 sind die Treibhausgasemissionen weiter gestiegen. Lediglich im Jahr 2020 führte die Pandemie aufgrund verschiedenster Beschränkungsmaßnahmen zu einem historischen Rückgang der weltweiten fossilen CO_2-Emissionen um 7 %. Dieser Rückgang ist notwendig, kam aber unerwartet, da er nicht auf strukturelle sozioökonomische Veränderungen zurückzuführen ist.

An der Dringlichkeit zum Handeln besteht jedoch kein Zweifel mehr, und die Lösungen sind seit Jahrzehnten bekannt: Wir müssen so schnell wie möglich aus den fossilen Brennstoffen aussteigen, die Entwicklung erneuerbarer Energien beschleunigen, unseren Energieverbrauch senken, der Abholzung ein Ende setzen, die Ökosysteme regenerieren und die Finanzströme auf umweltfreundliche Aktivitäten umlenken.

Alles Wesentliche liegt auf dem Tisch. Doch trotz der Warnungen der Wissenschaft und der vorhandenen konkreten Lösungen beharren einige Industrielobbys, Wirtschaftskreise, multinationale Unternehmen, Ökonom*innen und konservative Politiker*innen auf der Fortführung des »business as usual«. Um ihre Interessen zu schützen, spielen sie die laufende Katastrophe im Namen der neoliberalen Ideologie, der Profitlogik und der Konsumgesellschaft herunter, gegen die sich heute ein Teil der Jugend der Welt mit aller Macht auflehnt.

*In einer Zeit, in der sich ökologische und menschliche Katastrophen häufen und das Wohlstandsgefälle immer größer wird, besteht die einzige Hoffnung im Erwachen der Bürger*innen, in einer* *ausreichend großen und mächtigen Mobilisierung, um unsere Regierungen und die Gesellschaft als Ganzes zur Verantwortung zu ziehen.* Darin sind sich Esmeralda, Sandrine, Anuna und Adélaïde einig.

Doch was sind die besten Maßnahmen? Wie können wir möglichst viele Menschen bewegen, den Weg des ökologischen und sozialen Wandels mitzugehen? Welche Rolle können die Zivilgesellschaft, die Medien und die Schulen spielen, um Einzelpersonen und Gruppen zu mehr Verantwortung zu bewegen? Angesichts der Tatsache, dass wir noch etwa ein Jahrzehnt Zeit haben, um diesen notwendigen Wandel umzusetzen, geben diese Fragen unseren vier Gesprächspartnerinnen ebenso viel Anlass zur Sorge wie zur Hoffnung.

WEGE AUS DER TRÄGHEIT

Trägheit ist also keine Option mehr. Es ist höchste Zeit zum Handeln. Aber was ist zu tun? Wie soll man sich verhalten? Und wo soll man anfangen?

Zum Zeitpunkt der Erstellung dieses Berichts haben laut NGO Climate Mobilization, die diese Erklärungen weltweit auflistet, etwa 20 Parlamente und mehr als 1800 lokale Behörden den »Klimanotstand« ausgerufen. In Europa waren das britische und das irische Parlament unter dem Druck der Bürgerbewegungen die Ersten, die sich zu diesem Schritt entschieden. Einige Monate später folgte das Europäische Parlament. In einer Resolution vom November 2019 bekräftigten die Abgeordneten ihre Verpflichtung, »die globale Erwärmung auf +1,5 °C zu begrenzen und einen massiven Verlust der biologischen Vielfalt zu vermei-

---

3 Anm. des Lektorats: In Deutschland erklärte Konstanz im Mai 2010 als erste Kommune den Klimanotstand. Im Dezember 2019 hat Berlin als erstes Bundesland die Klimanotlage erklärt.

den«. Auch in Belgien haben sich viele lokale Gebietskörperschaften der Initiative angeschlossen, darunter die Provinz Lüttich, die Stadt Namur und fast alle Brüsseler Gemeinden.[3]

Das Konzept des Ausnahmezustands im Zusammenhang mit der globalen Umweltkrise tauchte in der öffentlichen Diskussion vor zwei oder drei Jahren auf, als die Stimmen von Wissenschaftlern und jungen Menschen, die sich nach dem Fall Greta Thunberg empörten, widerhallten. Ursprünglich sprach nur der Club of Rome von Notstand. Politische Führer*innnen und hohe Beamt*innen mieden den Begriff, weil er ihnen zu extrem schien. Heute hört und liest man ihn immer öfter. UN-Generalsekretär António Guterres verwendet ihn in jeder seiner Reden, sagt Sandrine.

Sind wir also weitergekommen? *Die Antwort lautet oft nein, da die Ausrufung des Klimanotstands meist nur symbolischen Charakter hat. Den Feueralarm auszulösen ist in Ordnung, aber dadurch werden die Flammen noch nicht gelöscht. Es reicht nicht aus, die Dringlichkeit der Situation zu erkennen, wir müssen vor allem konkrete Maßnahmen ergreifen, um die Probleme zu bewältigen, und zwar schnell,* erklärt Sandrine.

Nehmen wir das Beispiel eines Erdrutsches, eines Sturms oder einer Pandemie: Sobald die Behörden den Notstand ausrufen, wird Hilfe mobilisiert. Aber wo sind die Einsatzteams im Fall einer Klimakatastrophe? Diejenigen, die den Ausstieg aus den fossilen Brennstoffen in den Bereichen Infrastruktur und Mobilität planen, erneuerbare Energien in großem Umfang einsetzen, Finanzströme auf umweltfreundliche Aktivitäten umlenken, Maßnahmen zum ökologischen und sozialen Wohlergehen in unsere Wirtschaftsindikatoren einbeziehen, Forschung und Entwicklung im Bereich nachhaltiger Technologien wie grüner Wasserstoff anregen usw.? Meist ist nach wie vor die Politik der »kleinen Schritte« die Regel.

BÜRGER*INNENMACHT ALS KATALYSATOR?

Wenn die Lösungen bekannt und greifbar sind, wie können wir dann die Politiker*innen dazu bewegen, ihre Verantwortung wahrzunehmen und den Absichtserklärungen konkrete Taten folgen zu lassen?

Um den Wandel zu beschleunigen und die Widerstandsfähigkeit unserer Gesellschaften gegenüber künftigen Krisen zu stärken, glauben unsere vier Gesprächspartnerinnen fest an die Macht des Bürgers und der Bürgerin, sowohl individuell als auch kollektiv.

Die Mutter aller Lösungen ist doch, unsere Abhängigkeit von fossilen Brennstoffen zu durchbrechen, sagt Sandrine. *Bis 2030 müssen wir aufhören, umweltschädliche Energien zu subventionieren. Diese Subventionen werden in Form von Steuererleichterungen für Diesel- oder Benzinfahrzeuge, Ölheizungen, Flugverkehr usw. gewährt. Die durch den Wegfall der Subventionen frei werdenden Mittel müssen für die Förderung erneuerbarer Energien und den Einsatz sauberer Alternativen verwendet werden, wobei sicherzustellen ist, dass die Schwächsten unterstützt werden.*

Obwohl die Regierungen große Verantwortung für die Umsetzung dieser Veränderungen tragen, kann jeder einen Beitrag dazu leisten. Für die Einzelnen bedeutet das beispielsweise, zu Fuß zu gehen, mit dem Fahrrad zu fahren, Fahrgemeinschaften zu bilden, öffentliche Verkehrsmittel zu nutzen oder sich für ein Elektrofahrzeug zu entscheiden, wenn möglich den Zug dem Flugzeug vorzuziehen, die eigene Wohnung zu isolieren, den eigenen Abfall zu trennen, lokale und saisonale Lebensmittel zu bevorzugen, um transportbedingte Emissionen zu vermeiden. Solche individuellen Maßnahmen sind für die Verringerung unseres CO_2-Fußabdrucks unerlässlich. Aber sie werden nicht ausreichen.

Berechnungen des französischen Beratungsunternehmens Carbone 4 zufolge, das sich auf kohlenstoffarme Strategien spezialisiert hat, können die Bürger*innen ihre Emissionen im besten Fall um 25 % reduzieren, wenn sie mehrheitlich individuell und gemeinsam eine Reihe von zwölf ökologischen Maßnahmen ergreifen (z. B. vegetarische Ernährung, weniger Flugreisen, Bildung von Fahrgemeinschaften usw.). Es sind jedoch auch andere Maßnahmen möglich (siehe Anhang).

Um die Kurve der Treibhausgasemissionen umzukehren und die Ökosysteme wiederherzustellen, ist ein radikaler und tiefgreifender kollektiver Wandel erforderlich. Seit einigen Jahren arbeiten Bürgerinnen und Bürger in ihren Stadtvierteln oder Städten daran, indem sie mit neuen Produktions-, Konsum- und Recyclingmethoden experimentieren. Sie richten kollektive Gemüsegärten, nachbarschaftliche Kompostierungssysteme, abfallfreie Lebensmittelläden, Werkzeugreparatur- oder -austauschzentren, Genossenschaften für erneuerbare Energien usw. ein.

Immer mehr Unternehmen konzentrieren sich auch auf die soziale, kollaborative oder Kreislaufwirtschaft, im Gegensatz zum vorherrschenden Modell, das zu energie- und ressourcenintensiv ist.

Viele Bürgerinnen und Bürger, allen voran junge Menschen, haben sich diese neuen Produktions- und Verbrauchsweisen bereits zu eigen gemacht. Vor allem in der Stadt, wo viele von ihnen auf ein eigenes Auto verzichten, sich vegetarisch ernähren, gebraucht kaufen usw., betont Sandrine.

Diese Initiativen zeigen, dass ein Teil der Zivilgesellschaft bereits in Bewegung gekommen ist. Nichtsdestoweniger ist es die Pflicht des Staats, den Wandel auf allen Ebenen der Gesellschaft durch ambitionierte, konsequente und durchgängige Maßnahmen zu unterstützen.

Die Einhaltung des Pariser Abkommens und die Einbeziehung der Grenzen des Planeten in unsere Zukunftsvision erfordern radikale Veränderungen zur Kohlenstoffreduktion in der Energieerzeugung, der Industrie, der Infrastruktur, des Verkehrs und der Flächennutzung. Gleichzeitig muss sichergestellt werden, dass soziale Ungleichheiten nicht verstärkt werden. Die Behörden müssen diese Veränderungen durch strukturelle und verbindliche Lösungen erleichtern, doch diese greifen noch viel zu langsam.

Deshalb müssen wir als Bürger*innen die Dinge selbst in die Hand nehmen und uns stärker engagieren. An der Wahlurne und durch unser Handeln. Über die Wahlen hinaus gibt es viele Möglichkeiten, sich Gehör zu verschaffen, sich zu organisieren und die politischen Entscheidungsträger zu drängen, den Status quo zu ändern. Unsere vier Gesprächspartnerinnen sind sich einig, dass ein gemeinsamer Kampf der Schlüssel für einen Neuanfang ist.

Das bedeutet keineswegs, dass wir alle zu Aktivist*innen werden müssen. Doch angesichts der Risiken für das menschliche Leben und der Trägheit des Systems sind wir alle verpflichtet, Verantwortung für diejenigen zu übernehmen, die bereits unter den Auswirkungen der globalen Erwärmung leiden, sowie für künftige Generationen, sagen sie.

Um die Energiewende und den sozialen Wandel zu beschleunigen, sieht Sandrine vier Ansatzpunkte: *den Druck der Bevölkerung, nachhaltige Investitionen, grüne Technologien und eine Staatsführung, die auf verbindlichen politischen Maßnahmen aufbaut und neue Wirtschaftsmodelle sowie die Beteiligung der Bürger*innen an Entscheidungsprozessen fördert. Es gibt viele Möglichkeiten, wie wir diese vier Bereiche beeinflussen können.*

Handeln als Verbraucher*innen

Jeder von uns kann Druck auf das System ausüben, indem er weniger, aber dafür besser konsumiert, also zum verantwortungsbewussten Verbraucher wird, sagt Adélaïde. *Bei der Verringerung und Änderung unserer Konsumgewohnheiten geht es nicht nur da-*

121

rum, unseren CO₂-Fußabdruck zu verkleinern, vielmehr ist es auch eine politische Geste.

Unsere Konsumgüter und Lebensmittel verursachen alle Treibhausgasemissionen durch die Art und Weise, wie sie produziert und transportiert werden. Nehmen wir zum Beispiel eine Tomate. Nach Angaben der französischen Umwelt- und Energiemanagement-Agentur Ademe wird bei der Produktion außerhalb der Saison in einem beheizten Gewächshaus siebenmal mehr CO_2 freigesetzt als beim Anbau in der Saison und viermal mehr als bei der Einfuhr aus Spanien.

Einige Verbraucher*innenprodukte können auch zur Abholzung von Wäldern beitragen, was nicht nur die indigenen Völker bedroht, sondern auch die wichtige Rolle der Wälder für die Klimaregulierung. Nach Angaben des WWF gehören zu den bedenklichsten Produkten beispielsweise Soja (das für Viehfutter und Agrotreibstoffe verwendet wird), Kakaobohnen, Kaffee, Rindfleisch, Leder, Palmöl (das in vielen Brotaufstrichen und Süßwaren enthalten ist), Holz und Papier, um nur einige zu nennen.

Nach Angaben von NGOs war Europa zwischen 1990 und 2008 für seine Agrarimporte einschließlich Soja, Palmöl und Kakao für die Abholzung einer Fläche von der Größe Portugals (9 Millionen Hektar) verantwortlich. Dies wird als »importierte Entwaldung« bezeichnet.

Um das Klima, die natürlichen Lebensräume und die Böden zu erhalten, muss die Zerstörung der Wälder durch die Ausweitung der industriellen Landwirtschaft und Viehzucht unbedingt gestoppt werden. Dieser Schritt muss ebenso hohe Priorität haben wie der Ausstieg aus den fossilen Brennstoffen, sagt Sandrine. Um dies zu erreichen, müssen wir wieder aufforsten, aber auch zu einer nachhaltigen Landwirtschaft zurückkehren und den ökologischen Landbau sowie Techniken zur Bodenregeneration fördern.

Jede*r Einzelne kann seinen Beitrag leisten, indem er seinen Verbrauch an tierischem Eiweiß reduziert, lokale und saisonale Lebensmittel bevorzugt und sich für recycelte oder zertifizierte nachhaltige Produkte entscheidet (FSC, Fairtrade, Umweltzeichen usw.).

Wenn genügend Menschen ihre Konsumgewohnheiten ändern, können sie den Markt beeinflussen und bewirken, dass die Unternehmen ihre Praktiken neu ausrichten, ist sich Sandrine sicher. Da immer mehr Verbraucher*innen Wert auf gesunde und umweltfreundliche Produkte legen, haben einige Supermarktketten in den letzten Jahren ihr Angebot an biologischen und lokalen Produkten erweitert. Diese Veränderung kann jedoch nicht über die Probleme hinwegtäuschen, die mit der Industrialisierung des Sektors verbunden sind, beispielsweise die Verwendung von beheizten Gewächshäusern mitten im Winter oder der energieintensive Transport über weite Strecken. *Das Ziel muss sein, allen Menschen gesunde Lebensmittel anzubieten und dabei den Zyklus der Jahreszeiten und der Böden zu respektieren. Außerdem müssen die Landwirte, die die Nachhaltigkeit unseres Lebensmittelsystems gewährleisten, faire Preise erhalten.*

Solche weitreichenden Veränderungen gelingen leichter, *wenn alle Verbraucher gut informiert sind,* meint Sandrine. *Um fundierte Kaufentscheidungen treffen zu können, müssen uns detaillierte Informationen über die Herkunft der von uns gekauften Produkte (auch aus biologischem Anbau und fairem Handel), ihre Herstellungs- und Transportmethoden zur Verfügung stehen.* Zur Information der Verbraucher*innen wurden in einigen europäischen Ländern mehrere Pilotprojekte zur »Kohlenstoffkennzeichnung« gestartet, beispielsweise der Nutriscore. In Frankreich soll die Angabe von Treibhausgasemissionen auf Produkten und Dienstleistungen des täglichen Bedarfs in den nächsten Jahren zur Pflicht werden.

Angesichts von acht Millionen Tonnen Plastik, die jedes Jahr in die Ozeane gelangen, können auch die Verbraucher Druck ausüben, indem sie, wo immer möglich, Großgebinde einkaufen, um übermäßige Verpackungen zu vermeiden. *In Großbritannien wird dieser Kampf von NGOs wie Greenpeace, WWF und*

A Plastic Planet unterstützt, die sich bei den Supermärkten für eine Reduzierung der Umverpackungen einsetzen. Island war das erste Land, das 2018 beschlossen hat, innerhalb von fünf Jahren alle Plastikverpackungen abzuschaffen. Dann zogen andere Supermärkte nach und unterzeichneten den britischen Plastikpakt, der bis 2025 alle vermeidbaren Plastikverpackungen beseitigen soll, erläutert Esmeralda.[4]

Handeln als Sparer*in

Die Bereitstellung öffentlicher und privater Mittel zur Förderung grüner Technologien und zur Kohlenstoffreduktion in der Wirtschaft ist einer der Eckpfeiler des Wandels.

In einer Zeit, in der Hunderte von Milliarden Euro auf Sparkonten liegen, kann jede*r Bürger*in durch nachhaltige Investitionen oder die Finanzierung alternativer Projekte einen Beitrag leisten. Je mehr Anleger*innen sich bewusst für solche Investitionen entscheiden, desto größer wird das Angebot sein.

Nachhaltige Investitionen, auch bekannt als sozial verantwortliche Investitionen (SRI), sind heute längst nicht mehr gleichbedeutend mit höherem Risiko oder niedrigeren Renditen. Lange Zeit wurden sie als Nischenmarkt betrachtet, doch seit etwa fünf Jahren expandiert das nachhaltige Finanzwesen erheblich. Das wurde durch die Ankündigungen der EU und Chinas, bis 2050 bzw. 2060 Kohlenstoffneutralität zu erreichen, noch beschleunigt, sagt Sandrine, die die Europäische Kommission in der Technischen Expert*innengruppe für nachhaltiges Finanzwesen (TEG) und in der neuen Plattform für nachhaltige Finanzen (SFP) berät.

Auch die Covid-19-Pandemie spielte eine Rolle. Sandrine erklärt, *dass Unternehmen und Anlageprodukte, die Umwelt-, So-*

---

4 Anm. des Lektorats: Seit Juli 2021 werden in Deutschland Wegwerfprodukte aus Plastik wie Einwegbesteck, Wattestäbchen, Strohhalme und Rührstäbchen verboten. Ebenso der Verkauf von Einwegbechern aus Styropor. Ab Januar 2022 gilt in Deutschland ein Verbot für leichte Plastiktragetaschen.

zial- und Governance-Kriterien (ESG) berücksichtigen, sich in turbulenten Märkten als widerstandsfähiger erwiesen haben. Eine kürzlich durchgeführte Studie zeigte, dass im ersten Quartal 2020 rund 90 % der ESG-basierten Indizes ihre Benchmarks übertrafen.

Da es für »grüne Investitionen« bislang keine offizielle Definition gibt, ist es nicht immer einfach, sich in den vorhandenen Labels zurechtzufinden und die Risiken des Greenwashings zu vermeiden, d. h. betrügerische Praktiken, die darauf abzielen, den nachhaltigen Charakter einer Wirtschaftstätigkeit vorzutäuschen oder unangemessen zu übertreiben. Nicht alle Finanzprodukte und -anlagen sind so »grün«, wie sie vorgeben zu sein. Um die Transparenz zu verbessern und die Finanzströme auf umweltfreundliche Aktivitäten umzulenken, arbeitet die Europäische Kommission derzeit an einer gemeinsamen Definition und an einem Klassifizierungssystem für nachhaltige Aktivitäten, einer sogenannten »Taxonomie«. Die mit den Arbeiten beauftragte TEG, der ich angehöre, hat strenge Empfehlungen vorgelegt, in denen fossile Brennstoffe und andere umweltverschmutzende oder umweltschädliche Tätigkeiten wie die Kernkraft ausgeschlossen werden. Seitdem sind die Modalitäten ihrer Umsetzung Gegenstand eines Tauziehens. Auf der einen Seite stehen die Mitgliedstaaten, die vorankommen wollen, auf der anderen diejenigen, die unter dem Druck der Lobbys versuchen, die Kriterien aufzuweichen. Es geht um Milliarden von öffentlichen und privaten Geldern. Darin zeigt sich, wie komplex dieser Wandel ist, aber auch, welchen großen Einfluss bestimmte Sektoren auf die Wirtschaft haben, betont sie.

Seit einigen Jahren wenden sich NGOs auch mit »Divestment-Kampagnen« an Banken, um sie davon zu überzeugen, ihre immer noch massive Finanzierung fossiler Brennstoffe aufzugeben.

Laut der Ausgabe 2020 des Berichts »Banking on Climate Change«, einer gemeinsamen Initiative der NGOs Rainforest Action Network, BankTrack, Indigenous Environmental Network, Oil Change International, Reclaim Finance und Sierra

Club, haben die größten Banken der Welt seit dem Pariser Abkommen 2,7 Billionen US-Dollar für die Finanzierung fossiler Brennstoffe bereitgestellt, wobei das Volumen zwischen 2016 und 2019 jedes Jahr gestiegen ist. Während die großen US-Banken die Liste anführen, stellen in Europa Barclays, HSBC und BNP Paribas die meisten Mittel bereit.

Die belgischen Banken sind keine Ausnahme von dieser Regel. Im Jahr 2017 zeigte eine Studie der Climate Coalition, dass die vier größten Banken des Landes – BNP Paribas Fortis, ING, KBC und Belfius – innerhalb von zwei Jahren mehr als 40 Milliarden Euro in die hundert größten Unternehmen investiert haben, die im Bereich fossiler Brennstoffe tätig sind. Die Initiative rief die Bankkund*innen dazu auf, den Banken ihre Missbilligung schriftlich mitzuteilen.

Wenn jeder Kunde seiner Bank mitteilt, dass er keine fossilen Brennstoffe finanzieren möchte, und seine Ersparnisse entsprechend umleitet oder sich für eine sogenannte ethische Bank wie Triodos oder New B entscheidet, kann das einen großen Druck erzeugen, erklärt Adélaïde.

Diese Divestment-Kampagnen, die 2010 an US-amerikanischen Universitäten entstanden, *sind ein hervorragendes Beispiel für die Macht der Bürger*innen. In Kombination mit organisierten »name and shame«-Aktionen in sozialen Netzwerken sind sie eine der wirksamsten Methoden, um etwas zu bewegen,* ergänzt Sandrine.

In Großbritannien wurde mit Unterstützung von Extinction Rebellion eine Plattform namens TruthTeller.Life ins Leben gerufen, um Whistleblowern eine sichere Möglichkeit zu bieten, die Hemmnisse für den Klimaschutz in Banken, Unternehmen oder öffentlichen Einrichtungen zu entlarven, fügt Esmeralda hinzu.

Demonstrationen

Die weltweiten Klimaproteste erreichten im Jahr 2019 einen Höhepunkt – von Sydney über Paris, Berlin, Buenos Aires, Neu-Delhi und Kampala bis New York. In Belgien gingen am 2. Dezember 2018 rund 75 000 Menschen aller Generationen in Brüssel auf die Straße, am 27. Januar 2019 waren es erneut 75 000, und zwar bevor die Jugend auf den Plan trat.

Als wir mit Youth for Climate auf die Straße gingen, habe ich die mobilisierende Wirkung zuerst unterschätzt. Aber im Laufe der Monate wurde mir klar, dass wir mit genügend Druck die öffentliche Debatte beeinflussen und die politische Agenda in Bewegung bringen können, sagt Adélaïde.

Angesichts von Machtspielen und dem Gewicht von Lobbys *fühlen sich viele Menschen machtlos und geben den Kampf auf. Doch dank einer nachhaltigen und organisierten Mobilisierung mit NGOs und anderen Bürgerkollektiven konnten wir die globale Erwärmung zu einem zentralen Thema des Wahlkampfs 2019 machen*, erinnert sich Anuna.

Die Demonstrationen haben nicht nur die politischen Parteien aufgerüttelt, sondern auch gezeigt, dass sich junge Flamen und Französischsprachige hinter einer einzigen Sache vereinen können, die über die Landesgrenzen hinaus wirkt.

Im Beisein der Präsidentin der Europäischen Kommission und einer Handvoll hochrangiger EU-Führungspersönlichkeiten setzten sich die Youth for Climate-Führer*innen gemeinsam mit anderen Führer*innen der von Greta Thunberg ins Leben gerufenen Fridays for Future-Bewegung an die Spitze des Entscheidungsprozesses.

Wir sind die nächste Generation, die die Gesellschaft übernimmt, und die Welt, die uns die Älteren hinterlassen, wollen wir nicht haben, sagt Adélaïde. *Unsere kollektive Fähigkeit, aufzustehen und NEIN zu sagen, ist tatsächlich viel stärker, als man uns immer einzureden versuchte.*

Um etwas zu bewirken, müssen wir Allianzen des Widerstands
zwischen den Generationen und Kontinenten bilden ... Gemein-
sam müssen wir uns unserer Handlungsmacht bewusst sein und
sie ausüben, sonst könnte sie uns von anderen genommen werden.

Petitionen

Petitionen, die oft unterschätzt werden, sind ein weiteres demokra-
*tisches Instrument für Bürger*innen, um die öffentliche Debatte*
auf lokaler, nationaler und internationaler Ebene zu beeinflussen,
fügt Esmeralda hinzu. *Wenn genügend Unterschriften gesammelt*
werden, müssen sie von den Behörden berücksichtigt werden. So
können sie dazu beitragen, die Aufmerksamkeit auf ein dringendes
Problem oder Anliegen zu lenken, insbesondere wenn die Medien
das Anliegen aufgreifen.

In Belgien haben die Regionen Wallonien und Brüssel vor
Kurzem die Schwelle für die Anzahl der Unterschriften, die für
eine Petition erforderlich sind, um im Parlament gehört zu werden, auf 1000 gesenkt. In der flämischen Region sind es 15 000
und auf Bundesebene in Belgien 25 000.[5]

Obwohl nicht alle Petitionen erfolgreich sind, haben einige
bedeutende Schritte in Gang gesetzt. Im Falle der Bekämpfung
der globalen Erwärmung führte die französische Petition l'Affai-
re du Siècle, die von vier NGOs initiiert und von mehr als zwei
Millionen Menschen unterzeichnet wurde, zur Verurteilung des
Staates wegen »fehlerhafter Versäumnisse« bei der Reduzierung
der Treibhausgasemissionen.

---

5 Anm. des Lektorats: In Deutschland wird die Petentin bzw. der Petent bei
   50 000 Unterstützungen öffentlich angehört.

Rechtliche Schritte

Nicht nur die Einwohner*innen Frankreichs sind in Sachen Klima vor Gericht gezogen. Überall auf der Welt ergreifen Bürger*innen und NGOs rechtliche Schritte und wenden sich an die Gerichte, um die Nachlässigkeit von Staaten und Unternehmen anzuprangern.

Im Jahr 2015 leistete die Urgenda-Stiftung Pionierarbeit, indem sie die niederländische Regierung im Namen von rund 900 Klägern wegen Untätigkeit im Klimaschutz verklagte. Die anschließende Verurteilung der Regierung wegen unzureichender Klimapolitik ebnete den Weg für eine ganze Reihe ähnlicher Fälle. Im Jahr 2020 zählte das Sabin Center an der Columbia University in New York, das Klimaprozesse auf der ganzen Welt verfolgt, 1550 solcher Fälle in achtunddreißig Ländern. Seit 2017 haben sich diese Klagen fast verdoppelt.

Mit der Unterstützung von rund 60 000 Bürger*innen hat die gemeinnützige Organisation Klimaatzaak/Affaire Climat auch in Belgien den Kampf aufgenommen und die föderale und regionale Regierung verklagt. Die Plädoyers sollten im Frühjahr 2021 vor dem Brüsseler Strafgerichtshof beginnen.

Neben diesen Klagen gegen die Trägheit der Klimapolitik gibt es auch Klagen gegen die Luftverschmutzung und die Zerstörung der Natur. *Die internationale Juristenvereinigung ClientEarth beispielsweise hat zahlreiche Gerichtsverfahren zur Verbesserung der Luftqualität in Europa und den Vereinigten Staaten gewonnen und arbeitet mit Staatsanwälten in China zusammen, um das System der Umweltgerichtsbarkeit zu stärken*, erklärt Esmeralda.

Ein weiteres Beispiel ist die weltweite Stiftung Stop Ecocide, die darauf abzielt, die Zuständigkeit des Internationalen Strafgerichtshofs (IStGH) auf Umweltverbrechen [in Den Haag, Anm. d. Red.] auszuweiten, führt sie aus. Bislang ist der IStGH für vier Kategorien von Verbrechen zuständig: Völkermord, Kriegsverbrechen, Verbrechen gegen die Menschlichkeit und Verbrechen der Aggression. Die von der Anwältin Polly Higgins und dem Umweltschützer Jojo Mehta mitbegründete Stiftung Stop Ecocide versucht, einen fünften Straftatbestand hinzuzufügen: den des Ökozids, der als »weit verbreitete, schwere oder systematische Schädigung der Natur« definiert ist. Den Befürworter*innen zufolge würde durch diese zusätzliche Befugnis beispielsweise möglich, die Vorstandsvorsitzenden von Unternehmen zu verurteilen, die für Ölverschmutzungen im Meer, die Ausbeutung des Meeresbodens durch Schleppnetze, den Handel mit und die illegale Ausbeutung von natürlichen Ressourcen wie Holz, die die Entwaldung verschärft, usw. verantwortlich sind.

Ende 2020 war Belgien der erste europäische Staat, der sich für die Prüfung einer solchen Änderung des Römischen Statuts, des internationalen Vertrags zur Errichtung des IStGH, einsetzte. Um den Straftatbestand des Ökozids aufzunehmen, muss zunächst eine Mehrheit der Vertragsstaaten der Prüfung dieser Änderung zustimmen, und dann muss eine Zweidrittelmehrheit dafür stimmen, d.h. 82 von 123 Ländern.

Bürger*innenversammlungen

Angesichts der beispiellosen ökologischen und menschlichen Herausforderungen, mit denen unsere Gesellschaften konfrontiert sind, ist die Frage der Verbesserung der Regierungsführung und der Beteiligung der Bürger*innen an Entscheidungsprozessen von großer Bedeutung.

Nach einhelliger Meinung unserer vier Gesprächspartnerinnen reicht unser Modell der repräsentativen Demokratie, das darin besteht, alle vier bis fünf Jahre Volksvertreter*innen zu wählen, nicht mehr aus und sollte durch beratende Bürger*innenversammlungen verstärkt werden. *Die Nutzung solcher Versammlungen zur Erörterung eines politischen Themas ermöglicht eine stärkere Beteiligung der Bürger*innen bei der Suche nach*

Lösungen und schafft gleichzeitig einen Raum für eine generationenübergreifende Diskussion, betont Sandrine.

Während bei gewählten Vertreter*innen Zwänge der Popularität und der Wunsch nach Wiederwahl eine Rolle spielen, können solche Bürger*innenversammlungen freier über heikle Themen sprechen und schwierige Entscheidungen treffen. *Immer mehr Städte nutzen sie, und es gibt eine starke Nachfrage aus der Zivilgesellschaft, diese Art von Instrumenten bei der Umsetzung von Klimanotfallplänen einzusetzen. Je mehr wir die Fähigkeit der Bürgerinnen und Bürger stärken, die Probleme der Zukunft zu verstehen, desto wahrscheinlicher wird es sein, dass sie den ökologischen und sozialen Wandel mittragen und sich aktiv daran beteiligen,* führt sie aus.

Die bisher bekannteste Institution dieser Art ist sicherlich der Volksklimakonvent in Frankreich. Die Versammlung von 150 zufällig ausgewählten Bürger*innen wurde von Emmanuel Macron im Zuge der »Gelbwesten-Krise« eingerichtet und hat die Aufgabe, konkrete Maßnahmen zur Reduzierung der Treibhausgasemissionen im Sinne der sozialen Gerechtigkeit festzulegen. Das Ergebnis: Nach neunmonatiger Arbeit, die von den führenden Umweltexpert*innen des Landes überwacht wurde, haben die Teilnehmer*innen, die aufgrund ihrer Repräsentativität für die Bevölkerung ausgewählt wurden, der Regierung 149 ehrgeizige Vorschläge vorgelegt.

Sie empfahlen unter anderem, den Straftatbestand des Ökozids in die Verfassung aufzunehmen, die energetische Sanierung von Gebäuden mit flankierenden Maßnahmen für Geringverdiener*innen verpflichtend zu machen, die Rolle des Privatautos zu reduzieren, kurze Wege und nachhaltige Lebensmittel zu fördern, den übermäßigen Konsum durch Aufklärung der Bürger*innen einzudämmen usw. Nun, da die Maßnahme abgeschlossen ist, bleibt abzuwarten, was die Regierung daraus machen wird.

All diese Initiativen zeigen, dass die Rückeroberung der Macht durch die Bürger*innen in Verbindung mit Regulierungsmaßnahmen der Behörden wichtige Faktoren für den Wandel sind, fasst Sandrine zusammen.

Aus Unzufriedenheit mit der politischen Führung entsteht eine Vielzahl zivilgesellschaftlicher Initiativen als dezentrale Antwort auf den Klimanotstand. Bürger*innen, Unternehmen, Investoren oder lokale Gemeinschaften übernehmen Verantwortung. Die große Frage ist nun, wie man diese gestreuten Energien bündeln kann, um eine möglichst breite Unterstützung in der Bevölkerung zu erhalten, die auf öffentliche Maßnahmen drängen wird.

Um unser System von Grund auf zu verändern, ist es notwendig, Brücken zwischen den Fronten des Widerstands zu bauen. Führende Politiker, Bürger*innen, Gewerkschaften, Unternehmen und Verbände aus allen Gesellschaftsschichten müssen im Geiste der Solidarität über Parteigrenzen hinweg zusammenarbeiten. Dies ist der einzige Weg, um eine sichere und auskömmliche Zukunft für alle auf einem gesunden Planeten zu gewährleisten. Jeder von uns kann etwas bewirken, indem wir unsere Konsumgewohnheiten ändern, indem wir uns zu Wort melden und unsere Gemeinschaft, unsere Familie, unsere Universität, unser Unternehmen mobilisieren, fügt sie hinzu.

WIE LÄSST SICH DIE DRINGLICHKEIT VERMITTELN?

Weil aber nur ein Teil der Zivilgesellschaft die Dringlichkeit erkannt hat, fragen sich unsere vier Gesprächspartnerinnen, wie sie möglichst viele Menschen auf den Weg des ökologischen und sozialen Wandels führen können.

Für Anuna *geht es vor allem um Bildung und Information. Wissen macht handlungsfähig. Aber in Belgien sind wir schlecht informiert. Angesichts der Risiken für die Menschheit müssen sich die Medien dem Kampf anschließen. In einer Demokratie ist es ihre Auf-*

gabe, die Öffentlichkeit mit relevanten Informationen zu versorgen.

Die Klimakrise ist eine der größten Herausforderungen für die Menschheit. Alles hängt damit zusammen: Ernährung, Wohnen, Mobilität, Gesundheit, soziale Ungleichheiten, Nord-Süd-Beziehungen usw. Diese Themen sollten jeden Tag in den Medien behandelt werden.

Sie behauptet: *In Bezug auf den Klimanotstand sind junge Menschen heute die Hauptgesprächspartner*innen der traditionellen Medien. Dabei sind wir am wenigsten verantwortlich und am wenigsten legitimiert, darüber zu sprechen. Das ist völlig absurd. Auch wenn wir unsere Wut auf der Straße zum Ausdruck bringen, gehört der Kampf nicht zu unserer Generation. Wo sind die Politiker, Unternehmer und Umweltschutzorganisationen, die dies zu ihrem gemeinsamen Anliegen machen sollten? Die Menschen werden sich nur dann engagieren, wenn sie die Problematik vollständig verstehen.*

In den Medien werden Fragen des Klimas und der biologischen Vielfalt oft isoliert behandelt, ohne dass die damit verbundenen sozioökonomischen Aspekte berücksichtigt werden. *Lange Zeit lag der Schwerpunkt auf der Sensibilisierung und dem individuellen Handeln auf Kosten der strukturellen Ursachen und Lösungen,* analysiert Esmeralda.

In der angelsächsischen Welt, wo die Medien den Stimmen der Klimaskeptiker gegenüber aufgeschlossener sind, sollte auch der negative Einfluss einiger großer Medienkonzerne wie News Corp, das dem Unternehmer Rupert Murdoch gehört, hervorgehoben werden. In Australien beispielsweise, wo der konservative Tycoon mehr als zwei Drittel der Zeitungen besitzt, wurde die Berichterstattung über die beispiellos intensiven Waldbrände im australischen Sommer 2019–2020 stark kritisiert, nachdem mehrere Zeitungen und andere Medien dieser Gruppe den Zusammenhang mit der globalen Erwärmung heruntergespielt hatten.

Gleichzeitig überdenken auch andere Medien ihre Praktiken. Zu den fortschrittlichsten gehört die britische Tageszeitung *The*

Guardian, die bereits auf Werbeeinnahmen von Öl- und Gasunternehmen verzichtet und 2019 beschloss, die Entwicklung von Umweltthemen wesentlich deutlicher zu beschreiben. *So werden die Journalisten aufgefordert, den Begriff »Klimawandel«, der als zu weich und passiv empfunden wird, durch »Klimakrise« oder »Klimanotstand« zu ersetzen, während die Klimawissenschaftler selbst ihren Wortschatz erweitern und von einer Katastrophe für die Menschheit sprechen,* erklärt Esmeralda.

Diese selbstbewusstere Sprache wird auch von Youtube-Kanälen und militanten Umweltmedien wie Mr. Mondialisation, Le Biais vert, Partager c'est sympa ... verwendet, also von vielen alternativen Quellen, denen es gelungen ist, die Aufmerksamkeit von Zehntausenden von Jugendlichen mit engagierten Artikeln und Videos in einem unkonventionellen Ton auf sich zu ziehen. Hier gibt es keine laschen Worte, sondern den klaren Willen, die Auswüchse der kapitalistischen Wirtschaft und der von der Werbung gepriesenen Konsumgesellschaft anzuprangern.

Innerhalb von nur zwei Generationen *hat sich die digitale Kommunikation grundlegend verändert und das Bewusstsein geschärft,* sagt Sandrine. *Angesichts der Fülle von Informationen und Meinungen, die in den sozialen Netzwerken ausgetauscht werden, darf man die Gefahr der Desinformation aber nicht unterschätzen. Wenn sich Fake News schneller verbreiten als verifizierte Informationen, wenn Verschwörungstheorien Vorrang vor rationalen Überlegungen haben und wenn Experten nicht mehr ernst genommen werden, dann stellt dies eine echte Gefahr für unsere Demokratien dar.*

Soziale Netzwerke sind ein wichtiges Instrument der Massenmobilisierung, aber auch ein idealer Tummelplatz für Betrüger*innen oder Interessengruppen, die die öffentliche Meinung manipulieren wollen. Solche Elemente streben danach, ihre eigenen Interessen zu schützen, indem sie falsche Informationen verbreiten. Viele Studien haben auch gezeigt, dass das Gefühl der Verwundbarkeit oder das Gefühl, einer Bedrohung ausgesetzt zu sein, Menschen eher dazu veranlasst, Verschwörungstheorien anzuhängen. Im Falle der globalen Erwärmung gibt es keinen Mangel an Beispielen: »Das Klima hat sich schon immer verändert, also gibt es nichts zu tun«, »Der IPCC ist ein Hort linker Wissenschaftler«, »Klimaaktivist*innen werden manipuliert« ... Solche Aussagen sind zwar frei erfunden und durch wissenschaftliche Argumente oder Fact-Checking-Methoden widerlegt, aber sie haben die Diskussion vergiftet, sodass die Lösungsfindung behindert wird. In seinem Buch mit dem Titel *Chaud devant! Bobards et savoirs sur le climat* (dt. »Es wird heiß! Lügenmärchen und Wahrheiten über das Klima«) dekonstruiert Jean-François Viot die gängigsten Falschaussagen, indem er die Mechanismen des Klimaskeptizismus Punkt für Punkt auseinandernimmt.

Um sich nicht in den Netzen von Propaganda oder Verschwörungstheorien zu verfangen, können sich Internetnutzer*innen eine Reihe von Fragen stellen. In ihrem *Handbuch über Verschwörungsmythen* stellen die Forscher Stephan Lewandowski und John Cook vier solcher Fragen: »Kenne ich die Nachrichtenorganisation, die diesen Artikel veröffentlicht hat?«, »Erscheint die Information plausibel?«, »Ist der Schreibstil auf dem Niveau, das ich von einem professionellen Medium erwarten würde?«, »Ist der Artikel politisch motiviert?« Studien zeigen, dass gut informierte Menschen weniger anfällig für Verschwörungstheorien sind.

Die wichtigste Frage bleibt offen: Wie können wir noch mehr Menschen erreichen? Und wie erreichen wir diejenigen, die nicht informiert werden wollen?

Wir müssen uns klar machen, wie die Dinge ins Rollen kommen. Es dürfte helfen, wenn die Botschaft der Dringlichkeit von neuen Stimmen vermittelt wird. Wir müssen Filmstars, Sportler oder Influencer mobilisieren und an der Wirkung der Botschaften arbeiten. All jenen, die gerne einkaufen und ihren Konsum nicht einschränken wollen, müssen wir zum Beispiel zeigen, dass es mög-

lich ist, anders einzukaufen. Wir müssen solche Alternativen erstrebenswert machen, schlägt Sandrine vor.

Adélaïde und Anuna haben bereits darüber nachgedacht, Influencer*innen zu mobilisieren. *Gemeinsam mit Greta Thunberg haben wir eine Reihe von Prominenten gebeten, über die globale Erwärmung zu sprechen und ihre Fans zu sensibilisieren. Das hat eine Zeit lang funktioniert, als Klimaaktivismus noch als »trendy« galt, aber dann wurde dem Publikum langweilig,* sagt Anuna enttäuscht.

Für Esmeralda ist dies *genau der Grund, warum sich Wissenschaftler in der öffentlichen Diskussion stärker zu Wort melden und Gehör finden sollten. Die Beteiligung von Wissenschaftlern an der politischen Diskussion war lange ein Tabu, das aber angesichts des Ausmaßes der Umweltkrise und der existenziellen Bedrohung des menschlichen Lebens nicht länger bestehen sollte. Alles ist politisch. Dies gilt umso mehr in einer Zeit, in der Fake News das Misstrauen gegenüber der Wissenschaft immer weiter anheizen.*

Mitten im US-Wahlkampf haben die Wissenschaftler aus dem Nähkästchen geplaudert, sagt sie. Die Zeitschrift *Scientific American,* eine der ältesten wissenschaftlichen Publikationen des Landes, unterstützte den demokratischen Kandidaten Joe Biden und begründete ihre öffentliche Haltung – zum ersten Mal in ihrer Geschichte – damit, dass der amtierende und für die Wiederwahl kandidierende Donald Trump den Klimawandel leugne.

Noch ist es für Wissenschaftler*innen aber nicht selbstverständlich, sich in die öffentliche Diskussion einzuschalten. Während die einen sich in sozialen Netzwerken, in der Presse oder in Büchern ausführlich äußern, wollen andere mit dem Argument, ihre Tätigkeit verlange Objektivität, keine Partei ergreifen. Manche befürchten sogar, als militant betrachtet zu werden.

Insofern stellt sich die Frage, ob Wissenschaftler*innen sich politisch engagieren müssen, um gehört zu werden. Oder ist es die wissenschaftliche Kommunikation, die verbessert werden muss?

Der Fall des Zwischenstaatlichen Ausschusses für den Klima-
wandel ist in dieser Hinsicht beispielhaft, sagt Sandrine. *Der IPCC,*
dessen Aufgabe es ist, die Entscheidungsträger über die neuesten
Erkenntnisse zum Klimawandel zu informieren, hatte lange Zeit
weder ein Team noch eine Kommunikationsstrategie, was der Pro-
paganda der Klimaskeptiker in der Öffentlichkeit Tür und Tor öff-
nete.

Wie der belgische Klimawissenschaftler und ehemalige stell-
vertretende IPCC-Vorsitzende Jean-Pascal van Ypersele in einem Artikel über Klimakommunikation erklärt, fand der erste
indirekte Angriff auf den IPCC kurz vor der Kopenhagener Konferenz (COP15) im Jahr 2009 statt. Auf dieser Konferenz sollte
ein Nachfolger für das Kyoto-Protokoll erarbeitet werden. Nach
dem Hackingangriff auf einen Universitätsserver wurde eine
Reihe von E-Mails zwischen IPCC-Expert*innen veröffentlicht.
»Indem sie diese privaten Gespräche zwischen Forschern aus
dem Zusammenhang gerissen haben, war es für die ›Verwir-
rungsstifter‹ ein Leichtes, das Image des Gremiums, das die wissenschaftliche Grundlage für die COP15 liefern sollte, zu trü-
ben«, schreibt er. Der Frontalangriff begann einige Wochen später. Am 17. Januar 2010 veröffentlichte die britische *Sunday Times*
einen fehlerhaften Absatz aus einem der IPCC-Berichte, in dem
es um das prognostizierte Abschmelzen der Himalaya-Gletscher
ging. Als der IPCC den Fehler nicht öffentlich zugab oder korri-
gierte, »passierte, was passieren musste … Die Weltpresse lief
Sturm gegen den IPCC, angestachelt von den Schlagzeilen der
Murdoch-Gruppe, die jede Woche einen Artikel über einen neu-
en Detailfehler veröffentlichte, der in den 3000 Seiten des Berichts versteckt war«, so der Klimatologe.

Erst nach dieser Affäre, die als »Climategate« bekannt wurde,
entschloss sich der IPCC zu einer neuen Kommunikationsstrategie: Von nun an wurden die Schlussfolgerungen seiner Bewer-
tungen, die verwendeten Methoden und das Auswahlverfahren
für seine Autor*innen und Gutachter*innen veröffentlicht.

Obwohl sie ihre Kommunikation verbessert haben, haben sich die Experten immer von der Öffentlichkeit ferngehalten, da ihre Aufgabe nicht darin besteht, Stellung zu beziehen, sondern eine Bestandsaufnahme der verschiedenen möglichen Wege zu erstellen, gibt Sandrine zu bedenken.

Inmitten einer Pandemie und angesichts der Zunahme von Verschwörungstheorien, die durch die sozialen Netzwerke verstärkt werden, stellt sich die Frage nach der Rolle der Wissenschaftler*innen heute umso mehr. *Angesichts der existenziellen Bedrohungen für die Menschheit war der Bedarf an wissenschaftlichem Sachverstand noch nie so groß wie heute, und dieser Sachverstand muss verstärkt seinen Platz in der Öffentlichkeit finden. Die größte Herausforderung besteht darin, dafür zu sorgen, dass die Stimme der Wissenschaft dem allgemeinen Interesse dient und nicht von einer Ideologie oder einer politischen Partei als Geisel gehalten wird«,* ergänzt sie.

WELCHEN PREIS ZAHLEN DIE JUNGEN AKTIVIST*INNEN?

Indem sie den nicht nachhaltigen Kurs unseres Entwicklungsmodells anprangern, haben junge Klimaaktivist*innen – und insbesondere die jungen Frauen an ihrer Spitze – in den sozialen Netzwerken eine Flut von Beleidigungen und Spott auf sich gezogen.

Die 18-jährige Greta Thunberg hat dies mehr als die meisten anderen zu spüren bekommen. »Wunderkind«, »Hysterikerin« oder »Cyborg« sind nur einige Namen, mit denen sie tituliert wurde. Die junge Schwedin, die am häufigsten wegen ihres Aussehens und ihres Asperger-Syndroms, einer Autismus-Spektrum-Störung, angegriffen wurde, erwiderte auf Twitter: »Wenn Hassprediger dich angreifen, weil du anders aussiehst oder anders bist, bedeutet das, dass sie keine besseren Argumente haben. Damit haben wir gewonnen.«

Auf dem Höhepunkt der Schulstreiks sahen sich auch Anuna und Adélaïde mit Kritik und Spott konfrontiert, unter anderem von Politiker*innen, die sie aufforderten, doch lieber zur Schule zu gehen.

Das ist wirklich ein dummer Vorschlag, ereifert sich Anuna. *In der Schule lernt man nicht, wie man ein verantwortungsvoller Bürger wird. Ich habe noch nie so viel über Gesellschaft und Politik gelernt wie bei der Mobilisierung. Wir haben alles bei der Arbeit gelernt: Was sagen die Wissenschaftler? Was tut unser Land? Welche Zuständigkeiten haben der Staat und die Bundesländer? Was tut die Europäische Union? Welche Kräfte wirken gegeneinander? Man muss stundenlang lesen und sich anstrengen, um Themen zu verstehen, die nicht in der Schule gelehrt werden,* sagt sie und greift im gleichen Atemzug die flämische Politik im Kampf gegen die globale Erwärmung an.

Die flämische Regierung spielt die Risiken herunter, sagt sie. Die bisher angekündigten Maßnahmen sind im Vergleich zu den Zielen, die bis 2030 erreicht werden sollen, unbedeutend. Eine davon, die als ehrgeizig dargestellt wurde, bestand darin, die Höchstgeschwindigkeit auf dem ständig verstopften Brüsseler Ring von 120 auf 100 km/h zu reduzieren.

Adélaïde und Anuna sind kaum dem Jugendalter entwachsen. Wären sie bereit, die Arena der öffentlichen Debatte zu betreten? Sich der Gewalt einer Welt zu stellen, die blind ist für die Entgleisung des Systems?

Die Antwort ist natürlich nein. Die Jugend steht ständig im Rampenlicht, als ob die Lösung der ökologischen Krise in unserer Verantwortung läge, sagt Anuna. Sie hat *die Scharen amtierender Politiker satt, die sich ihrer Verantwortung entziehen.*

Auf unseren Schultern lastet ein enormer Druck, sagt Adélaïde. *Ich persönlich war noch nicht bereit, so sehr im Fokus zu stehen. Aber es ist wie eine Spirale. Bei jeder Demonstration, bei jedem Interview muss man voll im Thema stehen, um alle Fragen der Journalisten zu beantworten und der Konfrontation mit politi-*

schen Führer*innen gewachsen zu sein, sonst riskiert man, dem Ruf der gesamten Bewegung zu schaden. Das kostet eine Menge Kraft.

Anuna ergänzt: *Viele Leute sagen uns, dass wir unsere Jugend opfern und im Vergleich zu anderen Jugendlichen kein normales Leben führen. Und in gewisser Weise haben sie auch nicht Unrecht. An einem Tag ist man in der Schule, am nächsten erscheint man im Fernsehen und diskutiert über Politik. Aber nachdem ich so viel über die Klimakrise gelesen hatte, konnte ich meine Zeit mit nichts anderem mehr verbringen. Das Thema Klima ist mir in Fleisch und Blut übergegangen. Manchmal empfinde ich das schon als schweres Gewicht.*

Angesichts dieser Eingeständnisse *kann man den Mut und das Durchhaltevermögen der jungen Aktivist*innen, die einerseits Beleidigungen und Kritik ausgesetzt sind und andererseits manchmal zu Stars hochstilisiert werden, nur bewundern*, betont Esmeralda. Und bei alledem darf man nicht vergessen, *dass Aktivist*innen in anderen Teilen der Welt für ihren Kampf inhaftiert oder sogar zum Tode verurteilt werden können.*

Mit ihrem Einsatz beweisen die jungen Menschen jedoch eine außergewöhnliche Reife und einen Sinn für Gerechtigkeit und Solidarität mit den Schwächsten, eine Haltung, die unerlässlich ist, um diese Krise mit Würde zu überwinden, fügt Sandrine hinzu.

DEN »GEIST VON PARIS« WIEDERBELEBEN

Im Jahr 2019 mussten fast 25 Millionen Menschen aufgrund von Naturkatastrophen ihre Heimat verlassen, die meisten von ihnen in Asien. Nach Angaben des Internal Displacement Monitoring Centre (IDMC), das internationale Statistiken über Binnenvertreibungen zusammenstellt, waren allein Überschwemmungen und Wirbelstürme für 88 % der Bevölkerungsbewegungen in den betreffenden Ländern verantwortlich.

Ich fürchte, in Europa werden die Menschen erst richtig wach, wenn sie knöcheltief im Wasser stehen, sagt Anuna besorgt. *Das ist so egoistisch und unverantwortlich gegenüber den Millionen von Menschen, die bereits unter den Auswirkungen des steigenden Meeresspiegels, Dürren, Wirbelstürmen und stärkeren Überschwemmungen leiden. Wir müssen härter durchgreifen und unsere Treibhausgasemissionen schneller reduzieren. Jetzt.*

Schon heute stehen die Einwohner der Marshallinseln vor einem Dilemma: Entweder sie bleiben im Land ihrer Vorfahren und sehen zu, wie ihr Volk und ihre Kultur aussterben, oder sie wandern ins benachbarte Papua-Neuguinea aus, wo sie nicht willkommen sind. Jede Insel, jede Region, die wir verlieren, ist ein Teil der Weltgeschichte, der für immer verloren geht, fügt Sandrine hinzu.

Während der Klimawandel bereits als eine der Hauptursachen für die weltweite Migration anerkannt ist, könnten die Zunahme extremer Wetterereignisse und die sich verschlechternden Lebensbedingungen in einigen Teilen der Welt Millionen von Menschen zum Umzug zwingen. Die Weltbank schätzt, dass bis 2050 etwa 143 Millionen Menschen in Subsahara-Afrika, Südostasien und Lateinamerika ihre Heimat verlassen werden müssen – bewaffnete Konflikte nicht mitgerechnet.

Angesichts solcher Prognosen müssen wir damit rechnen, dass sich der Populismus und die rechtsextreme Rhetorik gegenüber Migranten verschärfen werden, befürchtet Sandrine.

Die Aussichten sind umso düsterer, *als rechtsextreme Parteien bereits Klima- und Migrationsfragen miteinander verknüpfen und Hunderttausende von Euro für Kampagnen in den sozialen Medien ausgeben,* berichtet Anuna. In Belgien wurde die [rechtsextreme separatistische belgische Regionalpartei] Vlaams Belang 2019 zweitstärkste Partei in Flandern, nachdem sie massiv in Facebook-Werbekampagnen investiert hatte.

Ähnlich ist die Situation in Großbritannien, wo Nationalismus und Migrantenfeindlichkeit zu den Triebkräften des Brexit gehörten, sagt Esmeralda. *Aber die Covid-Krise hat gezeigt, wie abhän-*

gig das Land von ausländischen Arbeitskräften ist. Die Kranken-
schwestern, Ärzte, Kassierer, Busfahrer, Zusteller ... So viele, deren
Gesichter wir jeden Tag im Fernsehen sahen und die in vorderster
Linie gekämpft haben, waren Einwanderer. Da zeigt die Wirklich-
keit dem Brexit eine lange Nase. Und daran sieht man doch, wie
dringend notwendig es ist, die Einstellung zur Einwanderung zu
verändern, fügt sie hinzu.

Wir leben in einem Zeitalter, in dem sich jeder zuerst um die ei-
genen Interessen kümmert. Angesichts des zunehmenden Populis-
mus und der Fake News haben wir unser Gespür dafür verloren,
was eine gute politische Führungspersönlichkeit ausmacht. Das
hat Donald vier Jahre lang in den USA unter Beweis gestellt. Es ist
äußerst schwierig geworden, eine rationale Diskussion jenseits der
parteipolitischen Logik zu führen, und darin liegt ein echtes gesell-
schaftliches und politisches Problem. Überall erleben wir die Zu-
nahme von Egoismus und Misstrauen gegenüber der Wissenschaft
– ein denkbar schlechter Cocktail in einer Zeit, in der der Klima-
notstand Lösungen erfordert, die auf einer starken globalen Soli-
darität basieren.

Fünf Jahre nach der Verabschiedung des Pariser Abkommens
müssen wir den Geist der Solidarität, der Bescheidenheit, des Ver-
trauens und der Zusammenarbeit zwischen den Nationen wieder
aufleben lassen. Er hat es ermöglicht, dass ein Abkommen zur Be-
grenzung der globalen Erwärmung auf +1,5 °C geschlossen werden
konnte, und das ist für Millionen von Menschen lebenswichtig,
erklärt Sandrine.

Noch haben wir genügend Trümpfe in der Hand, um das Klima
zu stabilisieren und katastrophale Situationen zu verhindern. Die
größte Herausforderung besteht nun darin, so viele Menschen wie
möglich und die politischen Entscheidungsträger davon zu über-
zeugen, die Lösungen konsequent umzusetzen.

Es gibt aber gute Gründe, die Hoffnung nicht aufzugeben.
Einige Staaten gehen bereits mit gutem Beispiel voran. Ein Vorreiter ist Costa Rica, wo bereits mehr als 98 % des Stroms aus er-

neuerbaren Quellen erzeugt werden. Außerdem hat das Land nach Angaben der UNO die Hälfte des in den 1970er-Jahren abgeholzten Regenwalds wieder aufgeforstet. In Nordafrika hat Marokko erfolgreich auf die Solarenergie gesetzt, die inzwischen 40 % des Energiebedarfs des Landes deckt. In Europa nimmt Schweden eine führende Rolle ein. Hier ist vorgesehen, bis 2040 ausschließlich erneuerbare Energien zu nutzen und bis 2045 kohlenstoffneutral zu sein. Als starker Befürworter einer ehrgeizigen Klimapolitik auf europäischer Ebene hat das Land laut der Ausgabe 2020 des Climate Performance Index, einem unabhängigen Bewertungsinstrument, das von Germanwatch, Climate Action Network (CAN) und NewClimate Institute veröffentlicht wird, die höchste Kohlenstoffsteuer der Welt. Unter den Spitzenreitern rangiert auch Dänemark mit einem Klimagesetz, das die Treibhausgasemissionen des Landes bis 2030 um 70 % reduzieren soll.[6]

Es gibt kein Zurück mehr. Die Covid-19-Pandemie hat einmal mehr gezeigt, dass wir die Dinge anders angehen müssen. Wir brauchen wirklich eine umfassende Sensibilisierung, eine Revolution, die einen tiefgreifenden Mentalitätswandel mit sich bringt, fügt Sandrine hinzu.

NEUE LEBENSKONZEPTE FÜR UNSEREN PLANETEN

Um den notwendigen ökologischen Wandel herbeizuführen, brauchen wir eine völlig andere Art des Umgangs mit unserer Umwelt. Vor allem geht es darum, den Bürgerinnen und Bürger die Komplexität der anstehenden Fragen verständlich zu machen und über die notwendigen Maßnahmen nachzudenken.

---

6 Anm. des Lektorats: In Deutschland sollen bis 2030 die Treibhausgasemissionen gegenüber 1990 auf minus 65 % gesenkt werden. Bis 2040 müssen die Treibhausgase um 88 % gesenkt und bis 2045 Treibhausgasneutralität verbindlich erreicht werden.

Die Schulen müssen bei diesem Wandel eine Rolle spielen. *Alle Lehrkräfte sind gefordert. Wir möchten, dass sie mit uns über die Auswirkungen unseres Lebensstils auf die Umwelt sprechen und mit uns gemeinsam nach Lösungen suchen. Einige Lehrer tun dies bereits, und sie geben uns gute Impulse. Das Thema sollte jedoch verpflichtend in den Lehrplänen festgeschrieben werden,* sagt Adélaïde.

Junge Menschen finden oft durch Alltagserfahrungen und Emotionen, etwa Angst oder Empörung über Untätigkeit der Politiker*innen, Zugang zu Umweltthemen. In den Schulen kommt das Thema kaum zur Sprache, und je nach Schulform wird es unterschiedlich behandelt. Hier ist noch viel zu tun. Während der Massenmobilisierungen 2019 hat eine Umfrage der gemeinnützigen Organisation Appel pour une école démocratique (APED) unter 3250 Schüler*innen der letzten beiden Jahrgänge der Sekundarstufe gezeigt, dass die wissenschaftlichen Kenntnisse der jungen Menschen rückläufig sind. Während die überwiegende Mehrheit der Befragten (74 %) zum Beispiel den Treibhauseffekt benennen konnte, verstanden nur wenige dessen Mechanismen. Fragen zu den Folgen der globalen Erwärmung für die Landwirtschaft, die biologische Vielfalt, die Migration oder das Entwicklungsgefälle zwischen Nord und Süd standen in manchen Fällen nicht einmal auf dem Lehrplan. *Diese Beobachtungen gelten nicht nur für Belgien, sondern für viele Länder. Die Bildung entspricht nicht den Herausforderungen des 21. Jahrhunderts. Die Kinder sind nicht ausreichend geschult, um aktuelle Probleme gründlich zu reflektieren und Lösungen zu entwickeln,* sagt Esmeralda.

In einer globalisierten und interdependenten Welt ist es aber von großer Bedeutung, die Handlungsfähigkeit der Bürger*innen zu stärken. *In der Schule sind wir allzu oft in einer Blase gefangen. Ich möchte lernen, meine Bürgerrechte voll auszuüben, kritisch über die Gesellschaft nachzudenken, mich zu engagieren und bei Gemeinschaftsentscheidungen mitzubestimmen,* sagt Adélaïde.

Das Bildungswesen muss junge Menschen darauf vorbereiten, eine aktive Rolle in der Gesellschaft zu spielen. Dies gilt insbesondere für Hochschulen, die eine zentrale Rolle bei der Entwicklung von Lösungen für die Zukunft spielen, fügt Sandrine hinzu.

Angesichts der globalen Umweltkrise wird uns nur ein tiefgreifender Mentalitätswandel einen kollektiven Ausweg aus der Krise ermöglichen. Sandrines Meinung nach *müssen wir uns von dem derzeitigen Egosystem, das auf Gier, Individualismus und Hass auf andere beruht, zu einem Ökosystem entwickeln, in dem Bescheidenheit, Zusammenarbeit und Vereinigung vorherrschen.*

Für die Gestaltung der Welt von morgen gibt es keine einfachen Lösungen. Hoffnung macht aber, dass viele Jugendliche weltweit entschlossen sind, mit einem System aufzuräumen, das die Ursache für die zunehmenden ökologischen und menschlichen Katastrophen unserer Zeit ist. Ich hoffe, dass diese Generation die grundlegenden Veränderungen vorantreibt, die notwendig sind, um die Maßlosigkeit der vorangegangenen Generationen auszugleichen. Gleichzeitig sind wir alle gefordert, so schnell wie möglich gemeinsam und geschlossen den Übergang zu einem neuen ökologischen und sozialen Gleichgewicht einzuleiten.

Schlussbemerkung

Wir stehen buchstäblich an einem Wendepunkt der Geschichte. Es ist eine Zeit, in der wir angesichts einer globalen Umweltkrise mit ihren tiefgreifenden sozialen, wirtschaftlichen, ethischen und politischen Folgen einen neuen Weg nach vorn finden müssen.

Fünfzig Jahre nachdem Wissenschaftler*innen erstmalig davor gewarnt haben, wohin unser nicht nachhaltiger Kurs führt, und dreißig Jahre nach Beginn der internationalen Verhandlungen zum Schutz des Klimas und der biologischen Vielfalt hätten wir 2021 hoffen können, dass die Entscheidungsträger*innen ihre Verantwortung wahrnehmen, die parteipolitischen Gegensätze überwinden und die umweltverschmutzenden Wirtschaftszweige zu Veränderungen zwingen. Wir hätten uns auf eine Zukunft freuen können, in der unsere Kinder und Enkelkinder dank der beschleunigten Einführung grüner Technologien ein stabiles Klima genießen und in einer weniger verschmutzten Welt leben könnten.

Was ist stattdessen passiert? Die Treibhausgasemissionen in der Atmosphäre sind weiter angestiegen. Naturkatastrophen haben zugenommen, insbesondere auf der Südhalbkugel, Hitzewellen sind häufiger geworden und Waldbrände treten immer häufiger und heftiger auf. Das Pariser Abkommen, das 2015 von vielen als Hoffnungsschimmer gefeiert wurde, wird immer noch nicht erfüllt, und die biologische Vielfalt geht weltweit weiter zurück.

Vor diesem Hintergrund sind im Jahr 2019 junge Klimaaktivist*innen auf den Plan getreten, angetrieben von Wut, Angst um ihre Zukunft und einem Gefühl der Dringlichkeit, wie man es seit Jahrzehnten nicht mehr erlebt hat.

Wir sollten aber auch bedenken, dass diese Bewegung nicht ganz neu ist. Tatsächlich haben schon frühere Generationen den Kampf aufgenommen, beispielsweise bei den Bürger*innen-mobilisierungen der 1960er- und 1970er-Jahre gegen die industrielle Umweltverschmutzung in den Vereinigten Staaten und Europa. Diese Proteste, die von demselben Wunsch nach gesellschaftlicher Veränderung getragen wurden, ebneten den Weg für die ersten Umweltgesetze.

Wenn aber solche ökologischen Bedenken schon damals verbreitet waren, warum haben wir nicht schneller auf die Bedrohung durch die globale Erwärmung und den Rückgang der Artenvielfalt reagiert?

Aus den Aussagen von Esmeralda, Sandrine, Anuna und Adélaïde in diesem Buch können wir ein Fazit ziehen: Hinter dem politischen Zaudern steht ein rücksichtsloser wirtschaftlicher und ideologischer Kampf.

Wie wir gesehen haben, begann dieser Kampf in den 1990er-Jahren in den Vereinigten Staaten, als die Öl- und Gasindustrie wissentlich das Problem der globalen Erwärmung bestritt oder herunterspielte, um die öffentliche Meinung zu verwirren. Diese manipulativen Strategien, aus denen der Klimaskeptizismus hervorging, sind zwar inzwischen angeprangert worden, bilden aber nach wie vor den Ausgangspunkt für einen ideologischen und politischen Kreuzzug, der sich unter dem Banner des Neoliberalismus gegen jede Einschränkung des Klimaschutzes auf Kosten der unternehmerischen Freiheit und Gewinnmaximierung einsetzt.

Denn das ist der springende Punkt: *der ungezügelte Wettlauf um Profit und Wachstum über das hinaus, was die Ökosysteme aushalten können*, wie Sandrine immer wieder betont.

Während eine große Mehrheit der Bevölkerung inzwischen die Notwendigkeit von Maßnahmen zur Eindämmung der globalen Erwärmung anerkennt, *gibt es weiterhin Kontroversen über die Dringlichkeit der erforderlichen Maßnahmen. In einem Kontext, in dem die Wissenschaft immer wieder angegriffen wird, sind Klimamaßnahmen sehr ideologisch geworden,* sagt Esmeralda.

Aber die Zeit wird knapp. Während die ältere Generation angesichts der Komplexität der Probleme und der weit entfernten

Gefahrenwahrnehmung lange nach Kompromissen suchte, sind die jungen Menschen radikal. Sie wissen, dass sich ihr Leben ohne rasche und weitreichende Veränderungen in unserer Wirtschaft verschlechtern wird, ebenso wie das von Hunderten Millionen Menschen auf der ganzen Welt, die bereits jetzt unter den Folgen von heftigeren Stürmen, Überschwemmungen, Dürren und Bränden leiden.

Wir müssen uns dringend fragen, ob alles, was wir für selbstverständlich halten, normal ist. Wir müssen Machtungleichgewichte hinterfragen, uns für globale Gerechtigkeit einsetzen und den Menschenrechten Vorrang geben. Nur so können wir diese existenzielle Krise gemeinsam überwinden. Solange wir das Gesellschaftsmodell, in dem wir leben, nicht infrage stellen, werden wir es nicht bekämpfen, sagt Anuna.

Die Covid-19-Pandemie hat das Problem noch verschärft. Die Gesundheitskrise war ein Moment in der modernen Geschichte, der uns Menschen auf beispiellose Weise die subtilen und komplexen Zusammenhänge zwischen menschlicher Gesundheit, Umweltzerstörung und sozialen Ungleichheiten vor Augen geführt hat. Während wir unsere Volkswirtschaften wieder auf solide Füße stellen, *müssen wir aus der Pandemie lernen, um die Widerstandsfähigkeit unserer Gesellschaften gegenüber künftigen Krisen zu stärken. Wir müssen aufhören, fragmentarisch zu denken und stattdessen das Gesamtbild betrachten: Ökologische, soziale und gesundheitliche Krisen sind untrennbar mit der Menschheitsentwicklung verbunden*, sagt Sandrine.

WIE WIRD UNSERE WELT VON MORGEN?

Angesichts dieser Tatsachen müssen wir aufhören, ein System anzuprangern, dem die Luft ausgeht, und stattdessen dringend handeln. In einer Zeit, in der wir unsere pandemiegebeutelten Volkswirtschaften wieder aufbauen und angesichts der Klima-

und Biodiversitätskrise einen neuen Kurs einschlagen müssen, haben wir zwei Möglichkeiten:

Die erste besteht darin, die Augen zu verschließen, sich die Ohren zuzuhalten und weiterhin von einem Modell zu träumen, in dem wir das produzieren oder reproduzieren, was Generationen vor uns getan haben: eine Art »amerikanischer Traum«, ein ständiger Wettlauf um endlose Bereicherung, um einen besseren Lebensstandard als unser Nachbar zu erreichen. Die zweite besteht darin, unsere Augen für die wissenschaftliche Wahrheit zu öffnen. Und in diesem Fall ist es offensichtlich, dass der alte Traum keinen Sinn mehr ergibt, sagt Adélaïde.

Ich bin jetzt 20 Jahre alt und möchte daran glauben können, dass noch nicht alles vorbei ist. Ich möchte an die vielen Initiativen glauben, die überall entstehen, um unsere gemeinsame Vision von Wohlstand neu zu definieren, um andere Wege der Produktion, des Konsums und der Interaktion zu schaffen. Seit zwei Jahren stehe ich in ständigem Kontakt mit jungen Menschen aus der ganzen Welt, die sich gegen das kapitalistische Modell zur Wehr setzen. Sie sind sich der Realität bewusst und bereit, neue Wege zu finden und zu beschreiten. Niemand weiß genau, was diese Bewegung erreichen wird, aber wir sind nie zu jung, um etwas zu bewirken, und ich hoffe, dass wir gemeinsam dazu beitragen werden, DEN großen Unterschied zu machen.

Unseren vier Gesprächspartnerinnen zufolge gibt es viele Gründe, sich die Hoffnung zu bewahren. Allmählich entsteht eine weltweite Bewegung, die auf dem Bewusstsein fußt, dass wir keine Zeit mehr zu verlieren haben. Noch sind die Widerstandsfronten verstreut, doch es werden mehr, und sie verdichten sich. Es sind Bürgerinnen und Bürger, die mit dem vorherrschenden Modell brechen, indem sie neue Produktions- und Konsummöglichkeiten erfinden, demonstrieren und Petitionen unterzeichnen, in den Wandel investieren, Banken dazu drängen, die Unterstützung für fossile Brennstoffe einzustellen, umweltschädliche Industrieprojekte blockieren und Regierungen und Unternehmen wegen »Untätigkeit in Sachen Klima« verklagen…

Vor Kurzem hat Belgien als erster europäischer Staat den Öko-
zid zum Straftatbestand nach internationalem Recht erklärt. Viele
Parlamente und lokale Behörden auf der ganzen Welt rufen den
globalen oder klimatischen Notstand aus. Länder wie Schottland,
Neuseeland, Island und jetzt auch Finnland verlagern den Schwer-
punkt vom BIP auf Indikatoren für das Wohlbefinden. Immer
mehr Gemeinden wenden die Prinzipien der Kreislauf-, Sozial-
oder Sharing Economy an. Wir haben auf diesen Seiten auch das
Donut-Modell vorgestellt, an dem sich Brüssel, Amsterdam und
viele andere Städte bei der Wiederbelebung ihrer Wirtschaft orien-
tieren. All diese Initiativen tragen dazu bei, die Widerstandsfähig-
keit des wirtschaftlichen und sozialen Gefüges gegen künftige Kri-
sen zu stärken und das Gleichgewicht zwischen menschlichem
Wohlstand und planetarer Gesundheit wiederherzustellen, sagt
Sandrine.

Wenn wir gleichzeitig das während der Pandemie entstandene
Bewusstsein für das Wesentliche berücksichtigen, nämlich soziale
Bindungen, Gesundheit, Ernährung, Bildung, Kultur, Zugang zur
Natur usw., dann sollten die Entscheidungsträger dies als günstige
Gelegenheit erkennen, um die Prioritäten neu auszurichten, und
zwar nicht mehr auf die Illusion des unbegrenzten materiellen
Überflusses, der unsere westlichen Gesellschaften krank gemacht
hat, sondern auf das, was im Leben wirklich zählt.

Dieser Paradigmenwechsel ist jedoch unwahrscheinlich,
wenn er nicht Hand in Hand geht mit einer ausreichend starken
Mobilisierung, bei der Bürgerinnen und Bürgern gegen die umweltverschmutzenden Industrien aufbegehren, die in voller
Kenntnis der Sachlage den Planeten weiter schädigen, und sich
gegen die politischen Entscheidungsträger*innen, die diese Industrien unterstützen und dabei jegliche Sanktionen vermeiden,
starkmachen.

Im Lauf der Geschichte sind große Veränderungen oft erst durch
großen Druck aus der Bevölkerung in Gang gesetzt worden, sagt

Esmeralda. *Wir müssen weiterhin die Hoffnung hochhalten und für unsere Kinder und Enkelkinder kämpfen. Für eine Welt, in der die Bürgerinnen und Bürger mehr Macht haben als die Lobbys der Unternehmen; eine Welt, von der alle profitieren, nicht nur einige wenige Privilegierte; eine Welt, in der unsere Böden, Flüsse und Meere nicht durch Chemikalien und Plastik vergiftet werden; eine Welt, in der wir stark in erneuerbare Energien investieren, aber gleichzeitig unseren zügellosen Verbrauch reduzieren, da wir sonst eine Klima- und Umweltkatastrophe nicht vermeiden können; und schließlich eine Welt, in der wir unsere Verbindung und unseren Platz innerhalb der Natur finden und nicht außerhalb von ihr, als ihr Beherrscher.*

Wir haben in diesem Buch gezeigt, dass diese Ideen keine verrückten Utopien sind. Es gibt Lösungen, und einige Umstellungen sind bereits im Gange. Jetzt geht es darum, diese Dynamik zu nutzen, um das Kräfteverhältnis umzukehren und den ökologischen und sozialen Wandel zu beschleunigen, der von Tag zu Tag dringlicher wird.

Hoffnung, Beharrlichkeit und Visionen waren schon immer die treibenden Kräfte, die es der Menschheit ermöglicht haben, in schwierigen Zeiten zu überleben und neue Zivilisationen aufzubauen. Von den Ägyptern über die Maya bis heute wissen wir, dass die Menschheit zu langfristiger Planung und unglaublichem Erfindungsreichtum, aber auch zu schrecklicher Zerstörung fähig ist. Heute ist es unsere Aufgabe, im Namen des Vermächtnisses unserer mutigen Vorfahren, Männer und Frauen, die immer gegen Ungerechtigkeit gekämpft und menschlich gehandelt haben, eine positive Zukunft für künftige Generationen zu gewährleisten, ein neues Lebensmodell zu entwerfen, fügt Sandrine hinzu.

Ich bin zuversichtlich, weil es in der Geschichte unzählige Beispiele für menschlichen Einfallsreichtum gibt, aber auch, weil wir die richtigen technologischen und politischen Lösungen haben. Was mich jedoch traurig stimmt und mich dazu bewegt, eine kämpferische Realistin zu sein, ist die Tatsache, dass wir trotz all

unseres Wissens und trotz der Fähigkeit der Menschheit, eine bes-
sere Zukunft zu schaffen, immer noch gegen fehlende politische
Visionen, kurzfristigen Profit, Arroganz und Angst zu kämpfen
haben, fährt sie fort. *Der Aufbau der Welt von morgen wird nicht*
einfach sein. Wir werden sehr viel verlernen und neu lernen müs-
sen. Aber ich möchte an die Zukunft glauben, fügt Adélaïde hinzu.

Es liegt an uns, diese Zukunft gemeinsam zu gestalten – an
allen lebenden Generationen. Bürgerinnen und Bürger, Unternehmen, zwischengeschaltete Stellen und Entscheidungsträger*innen, alle müssen ihren Beitrag leisten, um unser gemeinsames Haus und alle Annehmlichkeiten, die unser Planet uns
bietet, zu schützen.

Die Menschheit steht an einem Scheideweg. Wir haben die
Wahl zwischen Trägheit – in deren Folge zunehmend mehr Ge-
sundheits- und Umweltkrisen, die das Leben auf der Erde immer
schwieriger machen –, und Entschlossenheit, unser Schicksal
wieder in die Hand zu nehmen, um unser Überleben zu sichern
und unsere Zukunft zu verbessern.

**Nach Veröffentlichung der französischsprachigen
Ausgabe nahmen die vier Autorinnen an der
UN-Klimakonferenz COP26 in Glasgow teil. Nachfolgend
berichten sie über ihre Eindrücke der Konferenz.**

Sandrine Dixon-Declève:
**VERZICHT AUF DEN PLANETARISCHEN NOTSTAND
UND HINWENDUNG ZUM INKREMENTALISMUS**

Es lässt sich nicht leugnen, dass die UN-Klimagespräche in Glasgow große Mängel aufwiesen, wie meine Mitautoren anmerkten,
aber sie hatten auch einige Erfolge. Die Verpflichtungen zur
Schließung des Regelwerks für die Kohlenstoffmärkte, zur Entwaldung, zum Ausstieg aus der Kohle, zum Ausstieg aus Ver-

brennungsmotoren und zur Methanreduzierung sind wichtig, wenn sie sich als wesentlich erweisen. Sie geben den Ton an und markieren ein gewisses Maß an Fortschritt.

Darüber hinaus kann niemand die Bedeutung der Ankündigungen leugnen, die im Rahmen der Marrakesh Partnership for Global Climate Action gemacht wurden, die fast 8.000 nichtstaatliche Akteure (darunter 5.235 Unternehmen, 67 Regionen, 441 Finanzinstitutionen, 1.039 Bildungseinrichtungen und 52 Gesundheitseinrichtungen) zusammenbringt, die sich im Rahmen des Race to Zero zu einer Halbierung der Emissionen bis 2030 verpflichten, sowie des Fünfjahresplans zur Vertiefung des Engagements mit regionalen Akteuren, der von den UN Climate Champions ins Leben gerufen wurde, wenn sie wirklich umgesetzt werden. Diese Ankündigungen in Verbindung mit dem Versprechen, die Umsetzung der Verpflichtungen nichtstaatlicher Akteure zu verbessern, und der Entwicklung von Instrumenten für die Rechenschaftspflicht in den Bereichen Emissionsminderung, Finanzierung und Anpassung sind positiv, ebenso wie die Zusage der Glasgow Financial Alliance, 130 Billionen US-Dollar an privaten Finanzmitteln für die Umgestaltung der Wirtschaft in Richtung Netto-Nullwachstum bereitzustellen.

Aber wie ist es möglich, dass die Länder Glasgow wieder einmal verlassen haben, ohne mehr Ehrgeiz bei ihren eigenen nationalen Klimazusagen zu zeigen oder eine Vereinbarung über die jährliche Unterstützung der Entwicklungsländer in Höhe von 100 Mrd. US-Dollar zu treffen? Abgesehen von den finanziellen Zusagen Schottlands und der belgischen Region Wallonien gab es auch keine Einigung über Schäden und Verluste. Um es mit den Worten von Saleem Huq (meinem geschätzten Ko-Vorsitzenden des UNFSS Resilience Action Track, der auch die Verhandlungen über Schäden und Verluste für die Regierung von Bangladesch und das Climate Vulnerable Forum führt) zu sagen: Das ist Blödsinn!

Obwohl die meisten von uns davon ausgingen, dass wir nicht die erforderliche Einigung erzielen würden, gab es in Glasgow viel Hoffnung. Auf vielen Ebenen wuchs die Einsicht, dass der Systemwandel nicht mehr nur eine Option, sondern eine Notwendigkeit ist, und dass Technologie nicht der Königsweg ist, sondern nur eines von vielen Instrumenten im Werkzeugkasten neben Finanzen, Governance und gerechten Übergangshebeln, die alle zusammen auf einen breiteren Systemwandel hinarbeiten. Trotzdem gingen die Verhandlungen und die abschließende Vereinbarung völlig an den Vorschlägen zur Umgestaltung und dem Gefühl der Dringlichkeit vorbei. Viele von uns haben sowohl vor als auch während der Gespräche klare Forderungen nach Sofortmaßnahmen erhoben. Wie Antonio Gutiérrez, Generalsekretär der Vereinten Nationen, in seinen abschließenden Worten sagte: »Der politische Wille hat nicht ausgereicht, um die tiefen Widersprüche zu überwinden… Es ist an der Zeit, in den Notfallmodus zu wechseln«.

Die einzige Möglichkeit, die Versäumnisse von Glasgow zu korrigieren, besteht darin, zunächst wichtige Verfahren zur Rechenschaftslegung einzuführen, um sicherzustellen, dass die eingegangenen Verpflichtungen auch tatsächlich eingehalten und ordnungsgemäß überwacht, gemeldet und überprüft werden. Die Länder müssen im Vorfeld der COP im nächsten Jahr unbedingt ehrgeizigere Ziele für die Verringerung der Treibhausgasemissionen (in Form von national festgelegten Beiträgen) vorlegen, insbesondere für 2030 (eher 55–60 %) und 75 % bis 2040, und alle Hebel in Bewegung setzen, damit die 100 Mrd. Dollar bis spätestens Anfang 2023 an die Länder überwiesen werden, die sie benötigen! Niemand behauptet, dass dies einfach ist, aber es ist der einzige Weg, die Notlage zu überwinden.

Stresstest der COP26-Zusagen anhand des planetarischen Notfallplans 2.0

Vor drei Jahren war ich Mitverfasserin des Planetarischen Notfallplans, der vom Club of Rome und dem Potsdam-Institut für Klimafolgenforschung veröffentlicht wurde. Der Plan legt klar die Maßnahmen und die Dringlichkeit fest, die erforderlich sind, um den Notstand zu überwinden und innerhalb der planetarischen Grenzen zu bleiben. Er enthält 10 Verpflichtungen zur Erhaltung der globalen Gemeingüter und 10 Maßnahmen zur Schaffung gerechter und fairer Gesellschaften, zur Transformation der Energiesysteme und zur Umstellung auf eine Kreislauf- und regenerative Wirtschaft. Wenn man die Ergebnisse der COP26 mit den Maßnahmen des Planetarischen Notfallplans vergleicht, zeigt sich, dass wir noch lange nicht so weit sind, den Temperaturanstieg auf 1,5 Grad zu begrenzen, ganz zu schweigen von der gleichzeitigen Überwindung der Kipppunkte in den Bereichen Klima, Gesundheit und biologische Vielfalt. Sind wir drei Jahre nach der ursprünglichen Veröffentlichung des Plans der Überwindung des Notstands schon nähergekommen?

Die Erklärung der Staats- und Regierungschefs von Glasgow zu Wäldern und Landnutzung, der Fahrplan für Wald, Landwirtschaft und Rohstoffhandel sowie die Globale Waldfinanzierungszusage, die ich gemeinsam mit den Staats- und Regierungschefs auf dem Weltgipfel der Staats- und Regierungschefs vorstellen durfte, sind klare Schritte, um die Entwaldung und Bodendegradation bis 2030 zu stoppen und umzukehren, wenn wir unsere zehn Verpflichtungen für die globalen Gemeinschaftsgüter erfüllen.

Dies ist ein wegweisendes Maßnahmenpaket. Dennoch kommt es fünf Jahre später als in unserem Plan empfohlen. Die Erklärung markiert das erste Mal, dass ein COP-Vorsitz eine so große Gruppe von Staats- und Regierungschefs speziell zum Thema Wälder und Landnutzung zusammengeführt hat. Wenn die 141 Länder, die diese Verpflichtung unterzeichnet haben, in der Lage sind, sie zu erfüllen, wird dies ein großer Erfolg sein, wenn es darum geht, die Lungen der Welt zurückzubekommen, da 91 % der Wälder der Welt abgedeckt sind und auch das Leben und die Existenzgrundlage der indigenen Gemeinschaften, die unsere Wälder schützen, direkt abgesichert werden, wenn man an die notwendige finanzielle Unterstützung denkt. In den kommenden Monaten ist es von entscheidender Bedeutung, sich auf Messgrößen und Berichterstattungsverfahren zu einigen, um die Rechenschaftspflicht zu gewährleisten und die Umsetzung vor Ort zu überwachen.

Was unseren Stresstest betrifft, so wurden die bemerkenswerten globalen Ambitionen in Bezug auf die Wälder (zum Teil dank der unglaublichen Arbeit hinter den Kulissen unserer Partner im Planetarischen Notfallplan und der britischen Regierung) leider nicht durch Maßnahmen zum Schutz unserer Feuchtgebiete, Grasländer oder Savannen sowie der Arktis und der Kryosphäre ergänzt (abgesehen von einer allgemeinen Erwähnung in der Präambel des Klimapakts von Glasgow), einschließlich des Stopps der Erkundung und Ausbeutung von Öl- und Gasreserven, wie in unserem Planetarischen Notfallplan gefordert. Es ist auch klar, dass der Schutz der Ozeane und der gefährdeten Ökosysteme erst am Anfang steht – mit der Forderung nach einem jährlichen Dialog über ozeanbezogene Maßnahmen. Es müssen mehr Verpflichtungen zum Schutz unserer kritischen globalen Ökosysteme eingegangen und Finanzmittel von den Ländern zugesagt werden, wenn wir unsere globalen Gemeingüter wirklich schützen und die Natur auf den Weg der Erholung bringen wollen, wie ich selbst, Achim Steiner (Exekutivdirektor des UNDP) und Frans Timmermans (Vizepräsident der Europäischen Kommission) kürzlich betont haben.

Obwohl wir uns darüber einig sind, dass die COP26 unseren ersten Punkt zum Schutz unserer Wälder durch den Stopp der Entwaldung und die Beendigung des Handels mit Rohstoffen, die unsere Wälder gefährden, ein gutes Stück vorangebracht hat, wurden andere Landnutzungsfragen im Zusammenhang mit Nahrungsmitteln, wie die regenerative Landnutzung und die Abkehr von der großindustriellen Landwirtschaft, bei den offiziellen Verhandlungen nicht angesprochen. Am Rande und im Rahmen der Race to Zero-Kampagne wurden die Rolle der regenerativen Landwirtschaft und die Notwendigkeit kohlenstoffarmer Lebensmittelsysteme auf zahlreichen Veranstaltungen und bei der Gründung des Food Forward Consortium und von Regen10, deren stolzer Partner wir sind, thematisiert.

Was die Umgestaltung unserer Energiesysteme betrifft, so enthält der Glasgower Klimapakt zwar Formulierungen zum »Ausstieg aus der ungebremsten Kohlekraft und zur Beendigung ineffizienter Subventionen für fossile Brennstoffe«, bleibt aber hinter den Maßnahmen und Fristen zurück, die im Planetarischen Notfallplan festgelegt sind, der vorsieht, den Ausbau, die Produktion und die Nutzung fossiler Brennstoffe durch den Stopp von Subventionen und die Verlagerung von Einnahmen und Investitionen in den kohlenstoffarmen Einsatz bis 2025 zu beenden. Die fehlende Erwähnung eines Ausstiegs aus der Öl- und Gasförderung ist ein offensichtliches Versäumnis, aber die Einbeziehung von Nicht-Kohlendioxid-Emissionen, einschließlich Methan (z. B. die von der EU und den USA vorangetriebene Globale Methan-Zusage, die sich zur Begrenzung der Methanemissionen um 30 % bis 2030 verpflichtet – von 105 Ländern unterzeichnet und während der COP26 ins Leben gerufen), ist wichtig, auch wenn einige der am meisten benötigten Öl- und Gasproduzenten wie China, Russland, Indien, Iran und Australien bei der Methan-Zusage nicht an Bord sind.

Wesentlicher Teil unseres 10-Punkte-Aktionsplans für den planetarischen Notfall ist die menschliche Dimension und ein gerechter Übergang. Die ausdrückliche Erwähnung der Bedeutung eines gerechten Übergangs und die Einrichtung eines öffentlichen Finanzfonds in Höhe von 8,5 Mrd. Dollar für einen gerechten Energiewandel in Südafrika sollten lobend erwähnt werden, aber abgesehen von diesen Bemühungen wurde die COP26 weithin für einen Mangel an Einbeziehung und Vielfalt kritisiert. Glücklicherweise haben es einige wichtige indigene

Delegationen nach Glasgow geschafft. In meinen Gesprächen mit einigen dieser Gruppen, insbesondere mit indigenen Frauen aus dem Amazonasgebiet, wurde deutlich, dass es bei allen Entscheidungen an Transparenz hinsichtlich der Auswirkungen auf die indigenen Völker mangelt, dass nur wenig Mittel und Unterstützung bereitgestellt werden und dass in vielen Tropenwaldländern Korruption herrscht. Das tiefe Gefühl der Enttäuschung und der Wut, das diese Frauen zum Ausdruck brachten, zeigte einmal mehr, dass die wichtigsten Bewahrer unserer globalen Gemeingüter an den Rand gedrängt oder, schlimmer noch, aus Profit- und Machtgründen ermordet werden. Ein sofortiger Transfer von Geldern direkt an diese Gemeinschaften durch transparente Finanzierungsmechanismen ist der einzige Weg nach vorne.

Esmeralda arbeitet seit Jahrzehnten an diesem Thema, und ich stimme ihr zu, dass es von grundlegender Bedeutung ist, dass indigene Völker und insbesondere Frauen als Beschützerinnen der Lunge der Welt anerkannt und unterstützt werden!

Um es ganz klar zu sagen: Die Zusammenhänge zwischen Klima und COVID und gesunden Menschen auf einem gesunden Planeten wurden in den offiziellen Entscheidungen und Mitteilungen weitgehend ausgeblendet. Damit haben wir sowohl eine wichtige Gelegenheit verpasst, auf unseren Erkenntnissen aus COVID aufzubauen, als auch eine außerordentliche Möglichkeit für einen tiefgreifenden Wandel. Unsere gemeinsamen Forderungen nach einem systemischen Ansatz, der die Menschen, den Planeten und den Wohlstand berücksichtigt und die Widerstandsfähigkeit gegenüber multiplen Schocks und Belastungen stärkt, blieben also unbeantwortet.

Die Argumente für den Übergang von der Notsituation zur Emergenz

Der wirtschaftliche Systemwandel ist das Kernstück der Arbeit und des Ethos des Club of Rome. Seit 50 Jahren haben wir die

Notwendigkeit der Abkehr vom derzeitigen Wirtschaftsparadigma angemahnt, das auf kurzfristigem Gewinnstreben und BIP-Wachstum basiert, anstatt dem, was zählt, einen Wert beizumessen, sei es Natur- oder Humankapital. Es gab einige Fortschritte bei der Einführung des Systemdenkens in allen Sektoren, aber es ist an der Zeit, dass unsere Politiker erkennen, dass unser Wirtschafts- und Finanzsystem zutiefst gestört ist und der Klimawandel ein Symptom unseres Modells des Wachstums um jeden Preis ist. Um dies zu erreichen, müssen wir nachhaltige Produktion, Konsum und Investitionen in den Vordergrund stellen, wie es im planetarischen Notfallplan des Club of Rome dargelegt ist, und gleichzeitig Fragen der Armut, Gleichheit und Gerechtigkeit berücksichtigen.

Wir wissen, dass 75 % der G20-Bürger bereit sind, sich auf Veränderungen einzulassen. Wir müssen also diese einmalige Gelegenheit nutzen, um den tiefgreifenden Wandel zu beschleunigen, der notwendig ist, um unsere Volkswirtschaften widerstandsfähiger zu machen und mehr Wohlstand für alle zu gewährleisten. Dies war die Quintessenz unserer Futures Lab-Veranstaltung zum Thema transformative Wirtschaft, die vom UNFCC und den High Level Champions for Climate Action als Teil der globalen Klimaschutzagenda ausgerichtet wurde.

Nächstes Jahr ist der 50. Jahrestag von »Die Grenzen des Wachstums« – dem bahnbrechenden Bericht an den Club of Rome. Die Wirtschaftsszenarien des Berichts wiesen auf die 2020er Jahre als den Zeitraum hin, in dem mehrere ökologische und soziale Kipppunkte zusammenkommen werden. Wir befinden uns nun in diesem Moment, in dem diese Kipppunkte uns in einen Ausnahmezustand führen, und genau darin liegt meine Enttäuschung über die COP26. Wir können nicht sagen, dass die beschlossenen Maßnahmen die notwendigen Veränderungen herbeiführen. Doch wie die Hauptautorin Donella Meadows es ausdrückte: »Es gibt zu viel zu tun, um Selbstzufriedenheit zuzulassen, und zu viele Möglichkeiten, um Verzweiflung zu rechtfertigen«. Sorgen wir dafür, dass die nächsten Monate und das nächste Jahr für gezielte Maßnahmen genutzt werden und die Länder für ihre Versprechen zur Rechenschaft gezogen werden, damit wir auf der COP27 ehrgeizigere Ziele erreichen, die aktuellen Notsituationen überwinden und einen echten Wandel herbeiführen können.

Adelaïde Charlier:
COP26: EINE WELT DER GEGENSÄTZE ...

- Ein Beginn der UN-Klimakonferenz mit »schönen Reden«, die jedoch völlig **widersprüchlich** sind. Zum Beispiel: wie kann man Belgien als führend bezeichnen, wenn man hier herkommt ohne nationalen Plan, wenn man es nicht schafft, sich in seinem eigenen Land auf einen gemeinsamen Plan zu verständigen? Das ist nicht hinnehmbar. Die Lastenverteilung *(burden sharing)* ist ein reales Problem. Und die Tatsache, dass wir keinen nationalen Plan haben, ist ein reales Problem.
- Bei der UN-Klimakonferenz spricht man über Ziele für das Jahr 2030 oder 2050, doch für viele junge Menschen, die ich vor Ort getroffen habe (von den Seychellen, den Philippinen, aus Chile, Vietnam, Uganda ...), geht es um die nächsten Jahre. Wir denken, dass wir das Privileg besitzen, Zeit zu haben, aber das stimmt nicht. **Die Klimakonferenz vermittelt uns die Illusion von Zeit. Zeit, die wir nicht haben ...**
- Eine unterhaltsame und vor allem positive Seite der Klimakonferenz ist das Kennenlernen von Menschen! Sich treffen, Beziehungen aufbauen, das stärkt uns. Immer wenn diese neuen Verbindungen entstehen, merke ich, dass wir nicht allein sind. Es ist all diesen Aktivist*innen zu verdanken, dass ich mit ein wenig **Hoffnung** nach Hause gekommen bin.
- Trotz der Bemühungen tausender Klimaaktivist*innen ist das Endergebnis der UN-Klimakonferenz **traurig**. Wie in den vorangegangenen Veranstaltungen haben die westlichen

Länder und Unternehmen ihr Image aufpolieren, haben große Reden geschwungen, aber wenig gehandelt. Die vorgeschlagenen Lösungen sind keine echten Lösungen. Einige stützen sich auf Lösungsansätze, die es noch gar nicht gibt, oder auf das Pflanzen von Bäumen mit der Zeit und dem Raum, den wir nicht haben.

- Alexander de Croo erzählt uns stolz, dass Belgien ein Vorbild ist. Der gleiche Premierminister schafft es nicht, ein föderales Klimaschutzabkommen zu schließen. Seit drei Jahren fordern wir Belgien auf, Teil der hochambitionierten Koalition zu werden. Doch Belgien weigert sich immer noch, Mitglied zu werden. Die Ministerin Flanderns Zuhal Demir schlägt sogar niedrigere belgische und europäische Ziele vor.

- Wir können dieses apokalyptische Szenario noch in ein Szenario mit einer **gerechten** und **nachhaltigen** Zukunft transformieren. Wir müssen jetzt handeln und dafür sorgen, dass diejenigen, die bereits betroffen sind, gehört werden. Wir alle können auf unsere Weise unseren Teil dazu beitragen, indem wir nachhaltiger leben, indem wir auf die Straße gehen und die Menschen informieren etc.

- Fazit: **Die fossilen Industrien wurden stärker gewichtet als die Stimme der Jugend.** Wir haben eine sehr wichtige Gelegenheit verpasst, viel schneller voranzukommen. Wir brauchen den Ausstieg aus den fossilen Brennstoffen, um CO_2-neutral zu werden. Es ist unmöglich, die globale Erwärmung auf 1,5 Grad zu begrenzen, wenn wir nicht radikal unsere Gewohnheiten auf der ganzen Welt ändern. Mit all den Zielen, die heute auf globaler Ebene auf den Tisch gelegt werden, ergibt sich immer noch eine globale Erwärmung von 2,4 Grad. Das ist ein höherer Anstieg als der, den man uns versprochen hat.

Anuna de Wever:
COP26 WAR EINE GROSSE ENTTÄUSCHUNG

Es fing damit an, dass es eine der exklusivsten COPs in der Geschichte der UN-Klimakonferenzen war. Was dazu führte, dass draußen vor den Absperrungen jeden Morgen eine Reihe von Menschen protestierte, weil sie nicht hineinkamen. Vielen Aktivist*innen des Globalen Südens und die BIPoC (Black, Indigenous, and People of Color) wurde der Einlass verweigert und es wurden viele Hindernisse wie beispielsweise Finanzierung, Unterbringung, Transport, Impfungen etc. geschaffen, welche es der Zivilgesellschaft unmöglich machten teilzunehmen.

Das ist der falsche Ansatz, denn wir wissen ja, dass die Menschen, die von der Krise am meisten betroffen sind, diejenigen sind, die am wenigsten etwas dafür können wie z.B. Indigene Menschen, Frauen, Menschen mit diversem Geschlecht, People of Color etc. ... Solange diese Gruppen keinen gleichberechtigten Einlass zu Veranstaltungen haben, bei denen wichtige Entscheidungen getroffen werden, werden diese COPs niemals die »Menschheit« repräsentieren, welche wir zu retten versuchen.

Diese Muster der Unterdrückung und Diskriminierung wurden im Inneren dann weitergeführt. Dort wurden Entscheidungen getroffen und Verhandlungen geführt, ohne dabei Rücksicht auf Millionen von Menschen zu nehmen. Die Ziele des Pariser Abkommens und die Ziele, welche bei der COP von jedem Land individuell gesetzt wurden, haben für die verschiedenen Länder und Regionen sehr unterschiedliche Bedeutung.

Schon jetzt sehen wir weltweite klimatische und ökologische Katastrophen, die hauptsächlich den Globalen Süden und die BIPoC treffen. 1,5 Grad sind für viele Menschen auf der Welt die harte Realität. Ganz zu schweigen von zwei Grad oder drei Grad, die Zahl, von der heute als Ziel gesprochen wird. Das bedeutet einen unbewohnbaren Planeten für Milliarden von Menschen. Das bedeutet extreme Dürren, Verlust von Ernten, Hungersnot,

Hitzewellen die Tausende umbringen würden, enorme Überschwemmungen und Flutkatastrophen, Millionen von Flüchtlingen, unbewohnbare Regionen...

Das ist keine Welt, in der jemand leben kann. Und obwohl klar ist, was getan werden muss, um dies zu verhindern – *jetzt* fossile Brennstoffe abschaffen –, wurde es auf der COP26 nicht einmal erwähnt. Öl und Gas wurden überhaupt nicht diskutiert und für Kohle gibt es nur ein »Herunterfahren«. Die momentanen NDCs (national festgelegte Beiträge) werden die Emissionen bis 2030 um 13,7 %, steigen lassen, anstatt sie wie angedacht um 55 % zu reduzieren. In Europa tun wir so, als wären die 55 % ehrgeizig, dabei wissen wir, dass das zu einer Steigerung um mindestens 2,5 Grad auf der Welt führen wird. Und historisch und zeitgenössisch gesehen haben wir eine *viel* größere Verantwortung, da es unsere Gesellschaft und unser Ökosystem sind, welche diese Krise zu verantworten haben.

Die Abschlusserklärung des COP26 gibt an, dass reiche Länder ihre Bemühungen bis 2025 verdoppeln sollten. 2025 ist aber viel zu spät und Versprechen wie diese wurden in der Vergangenheit schon zu oft gebrochen. Darüber hinaus haben die reichen Länder nie die Summe Geld dafür investiert, die ausgehandelt war. Gleichzeitig benötigen die Länder, die auf finanzielle Unterstützung für den Übergang und die Bewältigung der extremen Folgen der Krise angewiesen sind, ein Budget, das weit über dem liegt, was jetzt versprochen wurde. Reiche Länder entziehen sich der Verantwortung und treffen Entscheidungen, mit denen sie den Rest der Welt hängen lassen. Diese Klimakonferenz war einer der letzten Strohhalme, um den Kurs noch zu ändern – und es wurde sich dagegen entschieden.

Was den Aktivismus betrifft, so bedeutet dies den Beginn eines neuen Kapitels. Druck machen und über Beschlüsse zu diskutieren, reicht nicht mehr. Wir müssen bestehende Verträge und Gesetze brechen, um die Säulen dieses zerbrochenen Systems neu zu errichten.

Esmeralda von Belgien:
COP26: EIN VERRAT AN DEN ZUKÜNFTIGEN GENERATIONEN

Seien wir ehrlich: Diese Klimakonferenz hat ein sehr schlechtes Ergebnis erzielt. Es hätte allerdings noch schlechter ausfallen können, wenn es nicht den Druck der Jugend, der Zivilgesellschaft und der lokalen und indigenen Gemeinschaften der Länder des Südens gegeben hätte.

»1.5 is alive«, freuen sich die Organisatoren. Wenn alle Regierungen ihre Zusagen für 2030 einhalten würden, würde die Erwärmung immer noch 2,4 Grad betragen. Doch bereits jetzt, bei 1,1 Grad, sind extreme Wetterphänomene auf der ganzen Welt zu beobachten. Dürren in Madagaskar, die zu Hungersnöten führen, Brände in Nordamerika und Russland, Überschwemmungen in China, Wirbelstürme in Bangladesch. Und haben wir die Toten und die Zerstörungen des letzten Sommers in Wallonien und in Deutschland bereits vergessen? Diese Tragödien haben die Länder des Südens seit Jahrzehnten erlitten. Denn auch das ist eine klimabedingte Ungerechtigkeit. Innerhalb unserer Gesellschaften sind die Menschen je nach ihrem sozioökonomischen Status, ihrer Herkunft und ihrem Geschlecht in sehr unterschiedlichem Maße von diesen Störungen betroffen. Und Entwicklungsländer, die kaum industrialisiert sind und daher weniger für den CO_2-Ausstoß verantwortlich sind, paradoxerweise den Folgen der CO_2-Emissionen am stärksten ausgesetzt.

Die Verpflichtung der reichen Staaten, ab 2020 jährlich 100 Milliarden US-Dollar an die Entwicklungsländer zu zahlen, wurde immer noch nicht erfüllt, und die Forderung der am stärksten gefährdeten und am wenigsten verschmutzenden Länder nach »Verlusten und Schäden« angesichts der historischen Verantwortung der Industrieländer wurde erneut blockiert, insbesondere von den USA und der EU, und durch einen »jährlichen Dialog bis 2024 zur Erörterung der Modalitäten für die Finanzierung der Aktivitäten« ersetzt. Eine echte Beleidigung für die gefährdeten Länder, die keine Gelder, sondern nur schöne Worte erhalten.

Dass Kohle, der Hauptschuldige an den Treibhausgasemissionen, zum ersten Mal in dem Abkommen erwähnt wird, ist ein Fortschritt – als würde man bei einer Konferenz über Krebs endlich die Rolle des Tabaks anerkennen. Aber wir sollten uns daran erinnern, dass von einer Reduzierung und nicht von einer Abschaffung die Rede ist und dass Öl und Gas nicht einmal erwähnt werden. Auch Jugendliche, Frauen und indigene Völker werden im Text erwähnt, sind aber weit davon entfernt, ihren Platz in den Verhandlungen zu finden.

Diese COP war in der Tat die am wenigsten integrative und, wie Mary Robinson, die ehemalige Präsidentin Irlands und Vorsitzende der von Nelson Mandela gegründeten Gruppe der Elders (Ältesten), es ausdrückte, »male, pale and stale« (männlich, weiß und abgenutzt).

Frauen sind in den Delegationen nach wie vor in der Minderheit, was die spanische Umweltministerin Teresa Ribera dazu veranlasste, eine Veranstaltung mit zahlreichen weiblichen Führungspersönlichkeiten zu organisieren, die die Notwendigkeit der Präsenz von Frauen auf allen Ebenen und in allen Phasen der Klimaverhandlungen bekräftigte.

Tatsächlich war dies die Konferenz der reichen Länder, des Geschäfts und des Greenwashing. Der Einfluss der Lobbys der Fossilen-Energie-Branche ist in jedem Artikel des Abkommens spürbar. Laut der NGO Global Witness hatten diese 503 Vertreter nach Schottland entsandt, während die Gesamtzahl der Delegierten aus den acht Ländern, die in den letzten 20 Jahren am stärksten von der Klimakrise betroffen waren (Bangladesch, Burma, Haiti, Philippinen, Pakistan, Bahamas, Mosambik, Puerto Rico), nur 479 Delegierte betrug. Man kann sich zu Recht fragen, warum die Regierungen der reichen Länder so hartnäckig die Interessen der Verschmutzer auf Kosten des Überlebens der menschlichen und aller anderen Spezies schützen. Ein Abkommen zur

Beendigung der Entwaldung bis 2030 wurde von 100 führenden Politikern, darunter Jair Bolsonaro, unterzeichnet. Aber warum neun Jahre warten? Im Oktober letzten Jahres wurde in Brasilien tatsächlich eine Entwaldungsrate von 877 km^2 verzeichnet – ein Rekord für das Land, in dem die Kohlenstoffemissionen bis 2020 um 9,5 % gestiegen sind und der Amazonas-Regenwald nun mehr CO_2 ausstößt als er aufnimmt. Und obwohl das Dokument die Rechte indigener Völker erwähnt, sind diese jedoch nicht an den Verhandlungen beteiligt, obwohl es um ihr Land und ihre Wälder geht, die sie unter Einsatz ihres Lebens verteidigen.

Weltweit werden jede Woche durchschnittlich vier Umweltschützer*innen, die meisten von ihnen Ureinwohner, ermordet. Der Ökozid geht oft mit dem Völkermord im Amazonasgebiet einher. Ganz zu schweigen von den Verhaftungen, Angriffen und Gerichtsverfahren, mit denen die Anführer konfrontiert sind, und der sexuellen Gewalt, die ihre Frauen erleiden. »Indigene Frauen haben eine besondere Verbindung zur Erde und ein Wissen, das von Generation zu Generation weitergegeben wird«, erklärt Nina Gualinga von der Sarayaku-Gemeinschaft in Ecuador. »Wir sind aufgrund unserer Rolle in der Gesellschaft, die für die Ernährung zuständig ist, stärker vom Klimawandel betroffen und sind vielen Formen von Gewalt ausgesetzt. Wir schützen den Wald, unsere Gemeinden und die biologische Vielfalt der Welt. Unsere Stimmen müssen gehört werden«.

Die Ureinwohner prangern auch das Greenwashing in der neuen Welle des »Net Zero« und der naturbasierten Lösungen an, obwohl die Natur unbedingt Teil des Plans sein muss, um den Verlust der biologischen Vielfalt und die Klimakrise zu bekämpfen. Die Projekte müssen transparent und in Zusammenarbeit mit den lokalen Gemeinschaften durchgeführt werden. In den Augen vieler Unternehmen kommt dieser Plan jedoch einem Freibrief gleich, der es ihnen erlaubt, ihre umweltschädlichen Aktivitäten aufrechtzuerhalten, während sie diese durch die Finanzierung von CO_2-Extraktionsprojekten wie der Wiederaufforstung ausgleichen. Diese Scheinlösungen verzögern in Wirklichkeit die Emissionsreduktionen der Öl- oder Agrarunternehmen und bringen den indigenen Gemeinschaften meist keinerlei Vorteile. Im Gegenteil, sie führen zu Landgrabbing. So wurde beispielsweise berechnet, dass die Kompensationskredite der drei Unternehmen Shell, Nestlé und Eni jährlich 20 Millionen Hektar Land benötigen würden!

Dieser grüne Kolonialismus, der auf eine Kommerzialisierung der Natur abzielt, wird von den indigenen Völkern scharf verurteilt. »Wir müssen aufhören, die Natur als Ware zu betrachten, als etwas, das man vermarkten kann, und sie als Rechtssubjekt betrachten, als Garant für das Leben«, fordert Tom Goldtooth, ein Navajo-Indianer aus den USA. »Wir müssen die Heiligkeit des Waldes, der Flüsse und aller Wesen, die darin leben, in Betracht ziehen.« Mindahi Bastida, ein Ureinwohner Mexikos, fügte hinzu: »Die Welt muss dringend eine allgemeine Erklärung der Rechte von Mutter Erde verabschieden und die Konvention 169 der Internationalen Arbeitsorganisation umsetzen, die allen indigenen Völkern eine freie, vorherige und informierte Konsultation zu den sie betreffenden Themen garantiert.«

Heute fühlen sich junge Menschen, Länder des Südens, Indigene und viele Menschenrechtsaktivisten betrogen und hilflos. Dennoch ist es ihnen, dem Druck der Bürger*innen und der außerordentlichen Mobilisierung auf der Straße – über hunderttausend Menschen trotzten in Glasgow bei mehreren Großdemonstrationen dem Regen und der Kälte – zu verdanken, dass Fortschritte erzielt wurden und die Konferenz nicht gescheitert ist. Es liegt nun an uns allen, den Kampf fortzusetzen, unsere Macht und Gerechtigkeit, aber auch gewaltfreien zivilen Ungehorsam einzusetzen, um die Staaten zu zwingen, ihre Versprechen in konkrete Maßnahmen umzusetzen.

AKTIV WERDEN FÜR EINE BESSERE WELT

Im Internet gibt es Dutzende von Tipps, die uns helfen können, unseren Teil zum Klimaschutz beizutragen. Hier folgt eine Liste von Maßnahmen, die wir im Lauf der Gespräche zusammengestellt haben. Je mehr von uns aktiv werden, desto größer ist die Wirkung dieser Maßnahmen. Eine sichere, gesunde und schöne Zukunft hängt davon ab, dass wir Menschen gemeinschaftlich neue Lebenswege beschreiten. Zweifellos ist es ein wichtiger erster Schritt, sich Gehör zu verschaffen (durch Abstimmungen, Demonstrationen, Petitionen, Freiwilligenarbeit, Unterstützung von NGOs), damit der Wandel sich in großem Maßstab vollziehen kann. Nur ein gemeinsamer Aufschrei wird die politischen, wirtschaftlichen und finanziellen Entscheidungsträger dazu bewegen, die notwendigen Maßnahmen zu ergreifen.

■ **Kaufverhalten:** Wir müssen lernen, bewusste Verbraucher*innen zu werden, also vor jeder Kaufentscheidung nachzudenken. Kaufen Sie gezielt umweltfreundliche Produkte, die fair gehandelt und mit geringem Kohlenstoffausstoß gefertigt (und transportiert) wurden, kaufen Sie gebraucht oder nutzen Sie Tauschbörsen.

■ **Ernährung:** Wir müssen gleichzeitig auf unsere Gesundheit und die unserer Umwelt achten, indem wir nachhaltige und vernünftige Entscheidungen fällen: den Fleischkonsum reduzieren, auf kurze Transportwege und lokale Erzeugung achten, Lebensmittelverschwendung bekämpfen, Verpackungsmüll – vor allem aus Plastik und Aluminium – vermeiden und Getränke in eine eigene Flasche füllen, statt Einwegflaschen zu verwenden.

■ **Kleidung:** Empfehlenswert ist, solide, nachhaltige, fair gehandelte und langlebige Kleidung zu kaufen, auf Fast Fashion zu verzichten und gebrauchte Kleidung zu spenden.

- **Geräte:** Sinnvoll ist die Anschaffung hochwertiger, langlebiger, energiesparender Geräte mit langer Garantiezeit. Lassen Sie Geräte lieber reparieren, statt neue zu kaufen. Vermeiden Sie Standby-Positionen; verwenden Sie nur LED-Glühbirnen; lassen Sie sich nicht von sozialen Netzwerken und Streaming versklaven, denn der weltweite digitale Energieverbrauch (Rechenzentren usw.) steigt um etwa 9 % pro Jahr und ist für fast 4 % der Treibhausgase verantwortlich.

- **Grundsätzlich:** Verzichten Sie auf den Kauf von Einwegprodukten; schränken Sie die Verwendung von Einwegpapier ein und achten Sie auf die Herkunft des Holzes, um der Abholzung entgegenzuwirken. Verwenden Sie zum Waschen und Putzen umweltfreundliche Produkte.

- **Mobilität:** Verzichten Sie auf fossile Brennstoffe; vermeiden Sie Flüge; benutzen Sie Züge und öffentliche Verkehrsmittel; gehen Sie öfter zu Fuß; bilden Sie Fahrgemeinschaften; benutzen Sie Elektrofahrzeuge; fahren Sie umweltfreundlich – am besten mit dem Fahrrad.

- **Wohnen:** Wichtig ist, Energie zu sparen und unsere Häuser gut zu isolieren, damit wir im Winter weniger heizen und im Sommer weniger klimatisieren müssen. Tragen Sie drinnen je nach Temperatur eine Schicht mehr oder weniger; verzichten Sie auf Heizöl und entscheiden Sie sich für grüne Energie (Sonnenkollektoren, Wärmepumpen). Wer einen eigenen Garten hat, und sei er noch so klein, kann Obst und Gemüse anbauen, Permakultur betreiben und Regenwasser nutzen.

- **Lebensgewohnheiten und Geisteshaltung:** Indem wir unsere Abfälle konsequent trennen, können wir uns konkret an der Kreislaufwirtschaft beteiligen. Briefkastenaufkleber »Keine Werbung« helfen, unnötigen Papierverbrauch zu vermeiden.

Nehmen Sie Einfluss auf die Investitionen, die Ihre Bank mit Ihrem ersparten Geld vornimmt. Machen Sie sich Ihren eigenen ökologischen Fußabdruck bewusst. Man kann ihn auf verschiedenen Websites berechnen und auch feststellen, welche Verbesserungen sich durch Verhaltensänderungen ergeben.

Wir geben die Hoffnung nicht auf! Das aktive Engagement und das bewusste Handeln für die Rettung des Planeten und all seiner Bewohner*innen ist etwas, worauf wir stolz sind.

Bibliographie

Wissenschaftliche Artikel und Berichte

Amougou, T., »L'urgence écologique, un récit occidentalo-centré«,
in *Alternatives Sud, L'urgence écologique vue du Sud,* Bd. 27 – 2020,
Nr. 3, 3. Trimester 2020, S. 137 – 143.

Intergovernmental Panel on Climate Change (IPCC), *Global Warming of 1,5 °C.
An IPCC Special report on the impacts of global warming of 1,5 °C,* 2018.

Intergovernmental Science-Policy Platform on Biodiversity and Ecosystem Services
(IPBES), *Workshop report on biodiversity and pandemics,* 2020.

Oreskes, N., »Les marchands de doute«, in *Controverses climatiques, sciences et
politiques,* unter Leitung von Zaccai, E., Gemenne, F., Decroly, J.-M., Paris,
Presses de Sciences Po, 2012, S. 97 – 111.

Rockström, J., et al., »A safe operating space for humanity«,
in *Nature,* Bd. 461-24, September 2009, S. 472 – 475.

Van Ypersele, J.-P., Gaino, B., »Communication et changements climatiques:
le cas du GIEC«, in *La communication environnementale,* unter Leitung von Libaert,
T., Paris, CNRS Éditions, 2016, S. 145 – 152.

Zaccai, E., Orban, A., »Mobilisations écologiques actuelles, mobilisations des années
1960 – 1970: quels parallèles?«, in *Développement durable et territoires* (en ligne),
Bd. 8, Nr. 2, Juli 2017. URL: http://journals.openedition.org/developpementdurable-
le/11847.

Bücher

Bourdeau, P., Moreau, R., Zaccai, E., *Le développement non durable*, Brüssel, Académie royale de Belgique, 2018.

Chevalier, C., De La Motte, T., *Déclarons l'état d'urgence écologique*, Waterloo, Luc Pire, 2020.

Foucart, S., Horel, S., Laurens, S., *Les gardiens de la raison*, La Découverte, Paris, 2020.

Gemenne, F., Rankovic, A., Atelier de cartographie de Sciences Po, *Atlas de l'Anthropocène*, Presses de Sciences Po, Paris, 2019.

Institut de l'Économie Positive, *Manuel pour une sortie positive de la crise*, Fayard, Paris, 2020.

Klein, N., *Warum nur ein Green New Deal unseren Planeten retten kann.* Hoffmann & Campe, Hamburg, 2019.

Lewandowski, S., Cook, J., *Das Handbuch über Verschwörungsmythen*, 2020. Verfügbar zum Download in verschiedenen Sprachen auf http://sks.to/conspiracy.

Meadows, D., Meadows, D., Randers, J., *Grenzen des Wachstums – Das 30-Jahre Update* (6. Auflage), S. Hirzel, Stuttgart, 2020.

Raworth, K., Die *Donut-Ökonomie: Endlich ein Wirtschaftsmodell, das den Planeten nicht zerstört.* Hanser, München, 2018.

Viot, J.-F., *Chaud devant! Bobards et savoirs sur le clima*t, Luc Pire, Waterloo, 2020.

Presseartikel und Sonderausgaben

Baudet, M.-B., »Aurelio Peccei, premier résistant à la croissance«, *in Le Monde*, 10. Juli 2015.

Bourcier, N., Rahmani, S., Mayer, C., »Raoni: je suis fatigué de toutes ces promesses qui n'aboutissent pas«, *in Le Monde*, 10. September 2019.

Carrington, D., »Why the Guardian is changing the language it uses about the environment«, *in The Guardian*, 17. Mai 2019.

Flandrin, A., »La génération climat monte au front«, *in Le Monde,* Générations climat (Sonderausgabe), Oktober–Dezember 2019, S. 38–41.

Foucart, S., »Science du climat, des décennies de prêche dans le désert«, *in Le Monde,* Générations climat (Sonderausgabe), Oktober–Dezember 2019, S. 18–21.

Gardey, J., »Idée reçue: la croissance, c'est la prospérité«, *in Le Monde diplomatique,* Manuel d'économie critique (Sonderausgabe), 2016, S. 28–29.

Garric, A., »De Rio à Santiago, course de lenteur pour sauver la Terre«, *in Le Monde,* (Sonderausgabe), Oktober–Dezember 2019, S. 14-17.

Vigna, A., »Le barrage Belo Monte, au Brésil, »monument au gaspillage et à la folie«, met en marche sa dernière turbine«, *in Le Monde*, 30. November 2019.

Websites

https://applyingresilience.org/fr/start-fr/
https://www.conventioncitoyennepourleclimat.fr/
https://www.climatechangecommunication.org/
https://www.fgtb.be/documents/20702/153033/FGTB+Climat+A4+FR+LR.pdf
https://www.footprintnetwork.org/
https://www.ina.fr/index.php/notice/voir/AFE85008580
https://www.oxfamfrance.org/wp-content/uploads/2020/09/Resume-Rapport-
     Oxfam-Combattre-Inegalites-Emissions-CO2.pdf
http://sks.to/conspiracy
http://snip.ly/xtgwp6#
https://climateprimer.mit.edu/climatescience
https://www.stop-ecocide.fr/
https://www.ted.com/talks/nicola_sturgeon_why_governments_should_prioritize_
     well_being?language=fr
https://www.unep.org/interactive/emissions-gap-report/2019/report_fr.php
https://www.unep.org/fr/emissions-gap-report-2020
http://www3.weforum.org/docs/WEF_The_Future_Of_Nature_And_Business_2020.
     pdf
https://wellbeingeconomy.org/wego
https://www.worldbank.org/en/publication/poverty-and-shared-
     prosperity
https://wwf.be/fr/actualites/rapport-deforestation-du-wwf-14-fois-la-belgique-dispa-
     rue-en-13-ans/
https://unfccc.int/resource/docs/convkp/convger.pdf

Weiterführende Informationen

Bücher

Alt, F. und von Weizsäcker, E.-U., *Der Planet ist geplündert. Was wir tun müssen.* Hirzel, Stuttgart, 2022.

Barrau, A., *Die Erde stirbt: Werde ein Erdenretter,* Kamphausen Media, Bielefeld, 2021.

Benyus, J. M., *Biomimicry: Innovation Inspired by Nature,* William Morrow Paperbacks, New York, 2002.

Bohler, S., *Le bug humain. Pourquoi notre cerveau nous pousse à détruire la planète et comment l'en empêcher,* Pocket, 2020.

Bourdeau, P., Moreau, R. et Zaccai, E., *Le développement non durable,* collection » L'Académie en poche«, Académie royale de Belgique, 2018.

Camerini, V., *Gretas Geschichte: Du bist nie zu klein, um etwas zu bewirken (Greta Thunberg)*, Plaza, Königswinter, 2019.

Carson, R., *Der stumme Frühling*, Biederstein-Verlag, München, 1962.

Chomsky, N., *Rebellion oder Untergang!: Ein Aufruf zu globalem Ungehorsam zur Rettung unserer Zivilisation*, Westend, Frankfurt, 2021

Cox, S., *The Green New Deal and Beyond*, City Lights Publishers, 2020.

de Belgique, E., *Terre! Agissons pour la planète, il n'est pas trop tard...*, Racine, 2010.

Diamond, J., *Kollaps: Warum Gesellschaften überleben oder untergehen*, Fischer, Frankfurt, 2011.

Diamond, J.: *Krise: Wie Nationen sich erneuern können*, S. Fischer, Frankfurt, 2019.

Dochamps J., *Les perruches du soleils*, Éditions First, 2019.

Figueres, C. et Rivett-Carnac, T., *The Future we Choose*, Manilla Press, 2020.

Hawken, P., *Drawdown – der Plan: Wie wir die Erderwärmung umkehren können*, Gütersloher Verlagshaus, Gütersloh, 2019.

Hickel, J., *Die Tyrannei des Wachstums: Wie globale Ungleichheit die Welt spaltet und was dagegen zu tun ist*, dtv, München, 2018.

Hopkins, R., *Stell dir vor ...: mit Mut und Fantasie die Welt verändern*, Löwenzahn Verlag, Leipzig, 2021.

Johnson, A. E. et Wilkinson, K. K., *All We Can Save. Truth, Courage, and Solutions for the Climate Crisis*, Random House Digital, 2020.

Klein, N., *No Logo!: Der Kampf der Global Players um Marktmacht – Ein Spiel mit vielen Verlierern und wenigen Gewinnern*, Fischer, Frankfurt, 2015.

Klein, N., *How to Change Everything: Wie wir alles ändern können und die Zukunft retten*, Hoffmann & Campe, Hamburg, 2021.

Korten, D. C., *Change the Story, Change the Future. A Living Economy for a Living Earth*, Berrett-Koehler Publishers, 2015.

Lovins, L. H., Wallis, S., Wijkman, A. et Fullerton, J., *A Finer Future. Creating an Economy in Service to Life*, New Society Publishers, 2018.

Oblik, *Make the Planet Greta Again. 50 leçons d'écologie pour les boomers et les autres*, hors-série Nr. 4, Alternatives Économiques, 2021.

Oreskes, N., Conway, E.M. *Die Macchiavellis der Wissenschaft: Das Netzwerk des Leugnens*, Wiley-VCH Verlag, Weinheim, 2014.

Rabhi, P., *Manifest für Mensch und Erde: Für einen Aufstand der Gewissen*, Matthes & Seitz, Berlin, 2018.

Rifkin, Jeremy: *Der globale Green New Deal: Warum die fossil befeuerte Zivilisation um 2028 kollabiert – und ein kühner ökonomischer Plan das Leben auf der Erde retten kann*, Campus, Frankfurt, 2019.

Robinson, K. S., *The Ministry for the Future*, Little Brown Book Group Digital, 2020.

Roy, A., *Mon cœur séditieux*, collection »Du monde entier«, Gallimard, 2020.

Servigne, P. et Stevens, R., *Comment tout peut s'effondrer*, collection »Anthropocène«, Seuil, 2015.

Servigne, P., Stevens, R. et Chapelle, G., *Une autre fin du monde est possible. Vivre l'effondrement (et pas seulement y survivre)*, collection »Anthropocène«, Seuil, 2018.

Servigne, P. et Chapelle, G., *L'entraide. L'autre loi de la jungle*, Les liens qui libèrent, 2019.

Shine, T., *How to Save Your Planet. One Object at a Time*, Simon & Schuster, 2020.

Thunberg, G., *No One Is Too Small to Make a Difference*, Penguin, 2019.

van Hensbergen, H., *How You Can Save the Planet Because You Have the Power to Make Change*, Penguin, 2021.

Van Reybrouck, D., *Zink*, Suhrkamp, Berlin, 2017.

Vargas, F., *Klimawandel – ein Appell: Wir müssen jetzt handeln, um unser Klima zu retten*, Limes, München, 2021.

von Weizsäcker, E. U. und Wijkman, A., *Wir sind dran. Club of Rome: Der große Bericht: Was wir ändern müssen, wenn wir bleiben wollen. Eine neue Aufklärung für eine volle Welt*, Gütersloher Verlagshaus, Gütersloh, 2017.

Wackernagel, M. et Beyers, B., *Footprint: Die Welt neu vermessen. Neuausgabe 2016 mit aktuellen Zahlen*, CEP Europäische Verlagsanstalt, Hamburg, 2016.

Winston, A. S., *The Big Pivot*, Harvard Business Review Press, 2018.

Filme & Videos

Alle Filme unter Mitwirkung von David Attenborough.

Alle Filme unter Mitwirkung von Yann Arthus-Bertrand. *Home* (2009), *Planet Ocean* (2012) und *Human* (2015) sind kostenlos auf YouTube zu sehen.

All Kinds of Weather, von Constanze Wouters und Rob Jacobs, für die Organisation Youth for Climate, 2021.

Tomorrow – Die Welt ist voller Lösungen, von Cyril Dion und Mélanie Laurent, 2015

Animal von Cyril Dion, 2021.

Klimawandel – Die Macht der Lobbyisten von Mads Ellesoe, 2021.

Die Grüne Revolution – Bio statt Kohle und Öl? von Max Lebsanft, 2021.

Die Erdzerstörer von Jean-Robert Viallet, 2019.

Aufgeheizt – Der Kampf ums Klima, von Lena Müller und Alexander Ebert, 2021.

Gute Nachrichten vom Planeten – Wie wir saubere Energie gewinnen, von Michael R. Gärtner, 2020.

Dürre in Europa – Die Katastrophe ist hausgemacht, von Jens Niehuss, 2021.

Kinder der Klimakrise: 4 Mädchen, 3 Kontinente, 1 Mission,
von Irja von Bernstorff, 2020.

Den Boden wieder gut machen, von Laureline Amanieux und Sonja Bertucci, 2020.

Die Bestäuber, von Peter Nelson, 2020.

Kiss the Ground, von Josh Tickell und Rebecca Tickell, Netflix, 2020.

Don't look up, von Adam McKay, 2021

Minimalism, A Documentary About the Important Things, von Matt D'Avela,
Netflix, 2016.

Mein Lehrer, der Krake von Pippa Ehrlich und James Reed, Netflix, 2020.

Tribes on the Edge, réalisé par Céline Cousteau, 2018.

Websites

www.bmu.de
www.bmwi.de
https://www.bmz.de/de/agenda-2030
www.change.org
www.clubofrome.de
www.drawdown.org
www.extinctionrebellion.de
www.filmsfortheearth.org
www.foei.org
www.footprintnetwork.org
www.fridaysforfuture.de
www.globaloptimism.com/the-future-we-choose
www.greenpeace.de
www.greenwatch.org
www.ipcc.ch
www.kateraworth.com/doughnut
www.klimaschutz-jetzt.de
www.lcoy.de
www.naturfreundejugend.de
www.openpetition.de
www.pik-potsdam.de
www.planeteamazone.org
www.stopecocide.de
www.ukcop26.org
www.wecaninternational.org
www.wwf.de
www.youthforclimate.be

Dank

Unser besonderer Dank für ihr Engagement bei der Realisierung der deutschsprachigen Ausgabe gilt Steffi Czerny, die das Projekt von Beginn an mit Leidenschaft, Ernst und zugleich Optimismus begleitet hat.

Frank Niederländer danken wir für seine wertvolle Unterstützung.

Ohne das Talent und die Feinfühligkeit von Florence Marot, die Vision und die unerschütterliche Ermutigung von Roland Moreau, der den Schreibprozess begleitete, sowie die Koordination und logistische Unterstützung von Chantal Radoux-Rogier hätte dieses Buch nicht entstehen können. Ich bedanke mich sehr für ihre ständige Aufmerksamkeit, ihre aktive Teilnahme und ihre engagierte Mitwirkung an diesem spannenden Projekt.

* * *

Voller Bewunderung danke ich den Männern und Frauen früherer Generationen, einschließlich meines Vaters, die den Weg geebnet, das Bewusstsein geschärft und für eine bessere Welt gekämpft haben. Und ebenso den jungen Menschen auf der ganzen Welt, die mit Mut und Entschlossenheit die Fackel jetzt weitertragen.

Esmeralda von Belgien

Ich möchte all jenen, die sich in der Vergangenheit und Gegenwart an diesem Kampf für eine gerechtere und ausgewogenere Welt beteiligt haben, sowie den Visionären, Mentoren und Kollegen, die mich während meiner gesamten Laufbahn unterstützt und herausgefordert haben, indem sie mich in meinem Kampf und in meinem Hinterfragen immer weiter vorangetrieben haben, meinen tiefsten Dank aussprechen. Und vor allem ein großes Dankeschön für die Kraft, die Ermutigung, die Geduld und die Liebe meiner Familie, insbesondere meines kleinen Familienstamms: Jeremy, Zoe und Tessa.

Sandrine Dixson-Declève